WOLFRAM SIEBECK
Eine Prise Süden

WOLFRAM SIEBECK

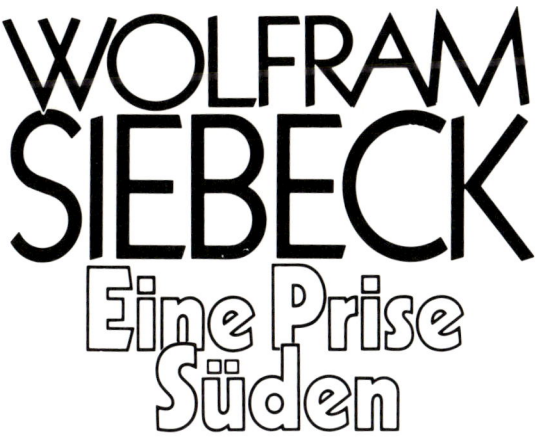

Eine Prise Süden

Das neue Kochseminar

WILHELM HEYNE VERLAG
MÜNCHEN

Heyne-Buch Nr. 38/3
im Wilhelm Heyne Verlag, München

Inhaltsverzeichnis

Vorwort

Bei der jüngsten Entwicklung vom Deutschen Eintopf zur anspruchsvollen Sonntagsküche war wohl nichts so wichtig wie die kulinarischen Urlaubserlebnisse der Bundesbürger. Wer vom Sauerkraut und Zwiebelrostbraten kommend die Italienische Küche kennenlernte (auch diese einfach und ohne großen Anspruch; aber wie hinreißend wird das Einfach zubereitet!), dem öffnete sich eine andere Welt. Von Stund an spielten die Erinnerungen an solche Entdeckungen eine folgenschwere Rolle in den Eßgewohnheiten der Deutschen. Die daraus resultierende Entwicklung wurde verstärkt durch die Bekanntschaft mit der Französischen Küche. Diese wiederum prägte sich zuerst und am leichtesten ein in ihrer mediterranen Variante, der Provencalischen Küche. Vom Kümmel zum Knoblauch – der Weg ist nicht einmal weit. Der neugierige Bundesbürger lernte nicht so sehr eine andere Qualität kennen sondern eher eine neue Dimension der Alltagsküche.

Und weil es eine Alltagsküche war und nicht die unbequeme Artistik der Hochküche, wurde die südliche Küche so populär. Nicht also, weil der Knoblauch, weil die Auberginen und das Olivenöl als die grundsätzlich besseren Produkte erkannt wurden, sondern weil sie im Grunde wesensverwandt sind mit Kümmel, Wirsing und Schmalz. (Inzwischen wurde bei uns auch die Hochküche eingeführt und hat der jungen Gastronomie Ruhm und Ehre, sowie den Gästen wundersame Erlebnisse beschert. Aber populär ist sie nicht geworden. Denn letzten Endes ist das, was die großen Köche aus den uns vertrauten Produkten kochen, für den Durchschnittsesser fremder und unbekömmlicher als die exotische Hausmannskost italienischer und südfranzösischer Kneipen. Das klingt paradox, beweist jedoch nur, daß die Internationale Deftigkeit keine Grenzen kennt, Verfeinerung aber immer nur eine Angelegenheit für eine Minderheit bleibt. In der Literatur und den Bildenden Künsten ist das noch deutlicher.)
Wesensverwandt sind sie, die Alltagsküche des Südens und die Deutsche Hausmannskost, wesensverwandt wie eine Folklore mit der anderen, aber dennoch: welch ein Unterschied! Auch ohne Nietzsche zu bemühen, lassen sich die Gegensätze nur so formulieren: hier schwer, dort leicht; trüb und klar, dumpf und aromatisch, lähmend und inspirierend. Was in der einen Küche die Bratkartoffeln sind, bedeutet der anderen die Fischsuppe. Ich behaupte, es liegt am Öl, am Olivenöl. Mithin an der Sonne. Und weil bei uns die Sonne nicht so scheint wie in Toulon, Nizza und San Remo, ist es hoffnungslos, zu Hause nachzukochen, was dort so köstlich schmeckte. Trotzdem versuche ich es immer

wieder. Gewiß, mit den Tomaten, die bei uns auf den Markt kommen, kann man den Duft des Südens nicht beschwören. Die hier erhältlichen Oliven sind groß und dick und dekorativ, und ihr Aroma hat nur wenig Ähnlichkeit mit dem der Oliven von Nizza. Mittelmeerfische gibt es auch in unseren Städten; sie sind nur nicht mehr ganz so frisch wie dort, wo sie an Land gebracht werden. Die Liste der Unzulänglichkeiten ist endlos. Nicht zu vergessen der Thymian. Kein anderes Gewürz beherrscht die mediterrane Küche so wie er, und nicht nur die Küche; die Landschaft selber wird von seinem Parfüm geradezu eingehüllt. Doch was für ein Thymian ist das, der dort in der flirrenden Hitze auf kargem Boden wächst! Die kleinen Blätter an den harten Stengeln sind silbergrau, wie von Staub bedeckt. Die Thymianbüschel auf unseren Märkten sind dagegen üppige, kräftig grüne Sträußchen. Weiß der Himmel, in welchen Blumentöpfen sie großgezogen wurden; von den kalten Nächten und den trocken-heißen Tagen der Provence wurden sie jedenfalls nicht geprägt. Ein Gang über den Gemüsemarkt von Nizza ist allein geeignet, die Hoffnung zu zerstören, es ließe sich die provençalische Küche 1000 Kilometer weiter nördlich nachkochen. Unsere diesbezüglichen Versuche sind ebenso zum Scheitern verurteilt wie die eines italienischen Restaurants in Itzehoe.

Oder doch nicht? Läßt sich das Aroma des Südens nicht auch mit dem Treibhausthymian und belgischen Tomaten – nun, zumindest annähernd ins Haus holen? Kann das Blumentopf-Basilikum aus Leverkusen, und sei es nur für die Dauer eines Nudelgerichtes, vielleicht doch vergessen machen, daß rheinauf, rheinab die Reibeplätzchen im Rüböl dümpeln? Ich meine: ja. Deshalb werde ich auf den folgenden Seiten versuchen, wenigstens einen Hauch von Süden in meine Küche zu bringen. Ich werde, wo es geht, die Sahne im Kühlschrank lassen und das Olivenöl an ihre Stelle setzen, und es wird nach Knoblauch duften, wo sonst das Speckfett raucht. Meldungen im Küchenradio vom Autostau bei Köln sollen mich nicht hindern, mit einer *daube provençale* zu versuchen, was Proust mit seiner Madeleine gelang. Und wenn manches nicht so wird wie erhofft, dann soll die Erkenntnis trösten, daß Erinnerungen immer schöner sind, als die Realität es war.

Wein – gekocht wie getrunken

Wein – gekocht
wie getrunken

Mir schrieb einmal eine Leserin, ich müsse ein Alkoholproblem haben, weil ich in meinen Rezepten immerzu Wein in die Saucen schüttete. Mit Alkohol hat das indessen nichts zu tun; der verfliegt schon nach einmaligem, kurzem Aufkochen der Sauce. Aber ein Problem habe ich insofern, als ich Saucen für den wichtigsten, weil schwierigsten Bestandteil einer Speise halte und mich ständig mit ihrer Verbesserung herumschlage. Kein Teil eines Essens ist so kennzeichnend für den Koch wie die Sauce. Beim Fleisch kann er sich herausreden auf die ursprüngliche Qualität, beim Fisch auf dessen Frische, Gemüse kann durch Anbau und Klima so vorgeprägt werden wie ein Huhn durch Aufzucht und Futter, da kann der Koch manchmal nur noch korrigieren. Doch bei den Saucen ist das anders. Ihnen schmeckt man nicht an, ob das Fleisch zart oder zäh war, aus dem sie herausgekocht worden sind; ihr Mißlingen kann man nicht auf Treibhaus oder Käfighalten schieben. Und sie mißlingen leicht! Deshalb ist bei ihnen Sorgfalt besonders wichtig. Dazu gehört, daß ich nicht irgendein Fett nehme, sondern das jeweils beste; dazu gehört, daß Mehl von Saucen fernzuhalten ist wie Wasser von Karbid. Ja, und Wasser übrigens auch. Wasser gehört nur insofern in eine Sauce, als ein Saucenfond mit Wasser aufgesetzt wird, also entweder mit Knochen und Fleisch oder Fischgräten und -häuten. Ist ein Fond aber fertig, das heißt ausgekocht und eingedickt, dann gibt es nur noch zwei Flüssigkeiten, Sahne und/oder Wein!

Eine Sauce ohne Säure ist wie eine Marmelade ohne Zucker. Es muß nicht viel sein, oft nur eine Spur davon, aber etwas Saures muß immer hinein, und in den meisten Fällen ist das Wein. Dabei kommt es weniger auf dessen Farbe an als auf die ihm eigene Säure. Liebliche oder gar süße Weine verbieten sich von selbst. Die Gelegenheiten, wo eine Sauce mit einem Sauternes verfeinert wird, sind selten und gehören zur hohen Schule der Kochkunst. Sogar dort, wo ein eigentlich süßer Wein die Hauptrolle spielt – zum Beispiel Portwein in einer Morchelsauce – ist Zitrone als Gegengewicht unerläßlich, sofern man nicht von vornherein einen weißen, trockenen Portwein nimmt. Auch Portwein ist, wie Sauternes, nicht gerade Alltagsküche. In dieser begnüge ich mich mit Weiß- und Rotwein.

Dort existiert auch ein furchtbarer Begriff: Kochwein. Wer ihn benutzt, entlarvt sich als jemand, der auch Maggi sagen könnte, wenn vom Würzen die Rede ist. Kochwein bedeutet doch nichts anderes, als daß ein Wein, der zum Trinken nicht gut genug ist, in der Küche immer noch Verwendung finden kann. Wo so gedacht wird, kann gute Küche nicht existieren. Es ist unvorstellbar, daß jemand, der sich Gedanken darüber macht, warum Dosenchampignons nicht akzeptabel sind, und der zwischen Zwiebeln und Schalotten zu unterscheiden weiß, daß so einer zur 2-Literflasche greift, wenn er Wein für seine Sauce braucht.

Wo aber beginnt ein Wein gut genug zu sein? Und wo fängt die Verschwendung an? Die einfachste Antwort ist wohl, *den* Wein für die Sauce zu nehmen, der auch zum Essen getrunken werden soll. Das betrifft natürlich nur Weine, die noch diesseits der Extravaganz angesiedelt sind. Denn wenn ich einen großen Bordeaux oder einen Burgunder der Extraklasse öffne, dann will ich davon jeden Tropfen trinken, ich bin schließlich kein Krösus. Aber in einem solchen Fall wird wohl auch noch ein kleinerer Wein im Hause sein. Klein darf so ein Wein ruhig sein, also ein einfacher Tafel- oder Qualitätswein. Daß jedoch auch in dieser Kategorie Vorsicht am Platze ist, gehört leider zur Erfahrung jedes Weintrinkers. Es ist durchaus möglich, bei den Tafelweinen eine akzeptable Flasche zu finden; möglich ist aber auch, daß man einen dubiosen Verschnitt nach Hause trägt. Ein Wein, den ich verkochen will, muß immer auch trinkbar sein, sonst taugt er auch in der Suppe nicht. Es ist aber längst nicht jede Traubensorte gleich gut geeignet. Parfümierte Weine wie der Müller-Thurgau mit seinem Muskatton, aber auch Gewürztraminer (die es ja auch durchgegoren, also ohne Restzucker gibt), von den Neuzüchtungen ganz zu schweigen, die überdies fast nie trocken ausgebaut werden – alles zu blumig, zu parfümiert. Weißburgunder (Pinot bianco), Riesling, Sylvaner, Gutedel, Ruländer (Pinot grigio) –

das sind die Sorten, die sich als Weißweine für Saucen empfehlen.

Bei den roten ist die Sache einfacher. Solange sie trocken und nicht süß sind, eignen sie sich mehr oder weniger alle, so daß nur zwischen leicht und dünn einerseits und schwer und voll andererseits unterschieden werden muß, wobei der vollere Rotwein immer der bessere ist. Im Prinzip ist es auch gleichgültig, ob ich einen roten Burgunder oder einen Bordeaux verwende. Im besten Fall ist das eine Geschmacksfrage; meistens aber sowieso nicht zu unterscheiden. Bei der Wahl des Weins spielt die Herkunft eines Rezepts eine viel größere Rolle als seine individuelle Eignung. Nur aus diesem Grund wird ein Boeuf Bourgignon selbstverständlich mit rotem Burgunder und nicht mit einem Bordeaux angesetzt, obwohl das Fleisch mit einem Bordeaux oder einem Rioja nicht anders schmecken würde. Auch die überwiegende Verwendung von Weißwein bei Rezepten der Deutschen Küche hat keine qualitativen Gründe, sondern erklärt sich aus der Tatsache, daß Rotweine bei uns nur in sehr geringen Mengen angebaut werden.

In der mediterranen Küche kommen beide vor. Bei den Fischgerichten ist es einleuchtend, wenn sie mit Weißwein verfeinert werden, Fleisch aber mit Rotwein. Beide Sorten, die roten wie die weißen der Provence, haben längst nicht den differenzierten Charakter unserer und der mittelfranzösischen Weine. Als Weintrinker begeistern sie mich nicht sonderlich. Aber zum Kochen eignen sie sich gut, gerade weil ihnen der Charakter fehlt, weil sie sich nicht aufdrängen. In der Küche des Südens wird viel mariniert, das heißt, Fleisch wird im Ganzen und in Stücken in Wein eingelegt. Es ist dies eine Methode aus der Zeit, als es noch keine Kühlschränke gab. Das Marinieren hatte eine konservierende Aufgabe; vermutlich war die Geschmacksveränderung des Fleisches nicht beabsichtigt, sie wurde als Folge des Marinierens wohl in Kauf genommen. Fleisch, das mehrere Tage in gewürztem Weiß- oder Rotwein gelegen hat, schmeckt sehr ähnlich, ob es sich um Lamm oder Rind handelt. Nicht anders übrigens bei unseren Wildrezepten; eigentlich ist das Marinieren ein Anachronismus. Es gibt allerdings ein Argument für das Einlegen in Wein: der abhanden gekommene Eigengeschmack sowie die Abwechslung vom täglichen Speisezettel. Eine Marinade besteht immer aus Wein, Öl, Zwiebelringen, Lorbeerblatt, Thymian, Karotte und Pfefferkörnern. In der südlichen Küche gehören auch Oliven in die Marinade, sowie ein Zweig Rosmarin und einige zerdrückte Knoblauchzehen. In gewisser Hinsicht ist das Marinieren eine aufwendige Methode. Denn um 1½ Kilo Fleisch (am Stück oder zerschnitten) völlig mit Wein zu bedecken, reicht eine Flasche kaum aus. Vor allem, wenn es sich um eine Rotweinmarinade handelt, wird das teuer. Auch wenn ein Teil der Marinade zum Ablöschen und Schmoren, und somit für die später entstehende Sauce verwendet wird – Billigkost ist das nicht.

Abgesehen vom Marinieren kommt Wein zum ersten Mal ins Spiel, wenn ein Fleisch angebraten ist und abgelöscht wird. Steaks und ähnlich kurzgebratenes Pfannenfleisch wird zunächst aus der Pfanne genommen, bevor der dort entstandene Bratensatz mit Wein abgelöscht und losgekratzt wird. Dabei, wie auch beim späteren Nachgießen in die Sauce, gieße ich niemals eine größere Menge auf einmal an. Immer in kleinen Mengen, und immer wieder einkochen lassen, bis von der Sauce fast nichts mehr übrig ist und die Gefahr besteht, daß der dicke Rest anbrennt. Dann erst wieder ein kleines Glas Wein dazu, aufkochen und reduzieren lassen, und das Ganze wiederholen, jedes Mal wird ein wenig mehr übrig bleiben. Auf diese Weise wird die Sauce sozusagen in Lagen aufgebaut, das gibt ihr Festigkeit in jeder Hinsicht: einmal die schöne, nicht zu dünne Konsistenz, zum anderen einen sehr konzentrierten Geschmack. Der muß in dieser Phase fast zu stark sein, weil abschließend ja entweder kalte Butterstücke oder Sahne oder crème fraîche oder eine vorbereitete Glace (eingedickter Fleischfond) zur Abrundung hinzugefügt werden. Dadurch wird der zu salzige, zu pfefferige oder sonstwie zu starke Geschmack automatisch gemildert. Hätte die Sauce vorher schon delikat geschmeckt, wäre sie jetzt zu fade. Die meisten Saucen mißraten übrigens deshalb, weil *zuviel* Sauce gemacht wird.

Die deutsche Gewohnheit, immerzu Salzkartoffeln zu servieren und diese in Sauce zu zermatschen, oder Nudeln in Sauce schwimmen zu lassen, ist nicht gerade ein Ruhmesblatt unserer Küche. Solche Saucenmengen produziert kaum ein Fleisch aus eigener Kraft, da muß nachgeholfen werden; deshalb sind Tütensaucen populär. Auch der beste Wein hilft da nicht, denn daß er nur zugegossen werden müsse, um eine Sauce zu vermehren, ist ein Irrtum. Dazu bedarf es eines Fonds, also einer eingedickten Fleisch- und Knochenbrühe. Doch wer hat die schon ständig im Kühlschrank?

Einfacher ist es mit Fischsaucen. Ein Fischfond ist leicht

herzustellen. (Häute, Gräten und Köpfe 20 Minuten zusammen mit Lauch und Champignons auskochen.) Wein wird nur in geringer Menge gebraucht, da es nicht nötig und unter Umständen sogar gefährlich ist, eine Fischsauce stark einkochen zu lassen, weil sie dann klebrig wird. Mehr aber als bei Fleischsaucen ist hier die Sorte des Weins wichtig. Ob die Sauce mit einem Traminer verfeinert wird oder mit einem trockenen Wermut, ob ich einen deutschen Riesling oder einen Chardonnay verwende – der geschmackliche Unterschied ist deutlich. Die Fruchtigkeit des Rieslings paßt besser zu Flußfischen, während ein Steinbutt oder ein Lachs mit einem Meursault prächtiger geraten. Bei Fischsaucen wird die Säure des Weins kaum ausreichen, da muß zusätzlich noch Zitronensaft dazu, besonders bei Weinen aus südlichen Anbaugebieten, deren Säureanteil gering ist.

Wein ist jedoch nicht nur bei Fleisch- und Fischsaucen unentbehrlich, er spielt eine Rolle auch in der Gemüseküche. Eine vergleichsweise kleine Rolle zwar; aber wenn ich Lauchstreifen dünste und statt Wasser ein halbes Glas Riesling an den Lauch gieße, so macht das einen Unterschied, auch wenn der nicht unmittelbar zu schmecken ist, sondern sich im fertigen Gemüse lediglich als ein höherer Grad von Delikatesse bemerkbar macht.

In einigen Restaurants wird auch mit Champagner gekocht. Ich halte nicht viel davon, weil durch das Kochen ja nicht nur der Alkohol verfliegt, sondern auch die Kohlensäure. Was aber bleibt von einem Champagner dann noch übrig? Eine überhöhte Rechnung, mehr nicht.

Provençalische Fischsuppe mit Pfeffermayonnaise

Provençalische
Fischsuppe
mit
Pfeffermayonnaise

Es gibt unendlich viele Fischsuppen auf
der Welt, wahrscheinlich ändern sich Rezept und Name
alle 100 Kilometer Küstenstreifen. Eine aber ist be-
rühmter als alle anderen: die Bouillabaisse. In Südfrankreich hat sie jedes Restaurant auf der Speisekarte, das es
sich leisten kann, überhöhte Preise zu verlangen. Denn
teuer, sehr teuer, ist sie immer. Nun gibt es viele Dinge,
die objektiv teuer sind und dennoch als preiswert be-
zeichnet werden können. Die Bouillabaisse gehört, wie
ich meine, nicht dazu. Ihr hoher Preis erklärt sich oft
durch den Hummer oder die Languste, die, neben
anderen Fischstücken, in der Suppe serviert werden.
Tatsächlich sind diese Krustentiere nie billig, aber es
gibt kaum eine wirkungsvollere Methode, Hummer
und Langusten zu ruinieren, als sie in einer kräftigen
Fischsuppe zu kochen. Und nicht nur sie; auch die
anderen Fischstücke, die in einer Bouillabaisse schwimmen, sind in 9 von 10 Fällen durch zu lange Kochzeit

trocken und geschmacklos, zudem sind sie aus dem Suppenteller umständlich zu essen.

Unter einer guten Fischsuppe verstehe ich eine *passierte* Fischsuppe. Und unter diesen schmeckt mir die südfranzösische Version am besten. Das liegt weniger an den Mittelmeerfischen, die einen Teil dieser Suppe ausmachen. (Heute; früher bestand sie selbstverständlich nur aus Fischen, die vor der Küste gefangen wurden.) Es liegt an den drei dominierenden Aromen: Safran, Pastis und Knoblauch. Was die Fische angeht, so muß ich gestehen, daß es mir nicht möglich ist, herauszuschmecken, welche Sorten drin sind, welche fehlen. Der Rascasse, zu deutsch Drachenkopf, sollte allerdings nie fehlen. Es ist ein roter, nicht gerade dem Schönheitsideal der Forellen entsprechender, kopflastiger Fisch, der sich an den Felsen der Mittelmeerküsten herumtreibt. Er hat einen besonders intensiven Geschmack, er gibt der Suppe, was man beim Wein den *Körper* nennt. Neuerdings ist er auch in *Nordsee*-Filialen und guten Fischhandlungen zu finden, ebenso der Rouget oder Rotbarbe, Weißfische, Doraden, Lotte und was sonst in eine Fischsuppe gehört. Deshalb kann ich diese Suppe hier ohne Schwierigkeiten nachkochen. Die anderen Fische, die zusätzlich gebraucht werden (die bunte Mischung macht's), nun, da darf ruhig eine Nordseescholle dabei sein oder eine Rotzunge, aber auch Seehecht und Seeaal sowie Rotbarschfilets. Und wenn ich bei meinem Fischhändler einen Lachskopf und Seezungenhäute kriege, freue ich mich. Die einzigen Fische, vor deren Verwendung ich abrate (abgesehen von Flußfischen, die hier nichts zu suchen haben), sind Makrelen, Heringe und Aale. Verallgemeinernd läßt sich sagen: Möglichst viele Sorten Fisch und von jeder Sorte möglichst viel. Denn die Menge, die bei einer Portion Brat- oder Kochfisch ausreicht, genügt hier nicht. Als Minimum rechne ich 500 Gramm Fisch pro Person, und wenn die Tagespreise günstig sind, kaufe ich auch das Doppelte. Die Fische werden geschuppt und ausgenommen, und wenn beim Fischhändler gerade kein Betrieb ist, lasse ich ihn die Fische auch in Stücke schneiden – mit Haut und Haaren, Kopf und Schwanz.

Eine Fischsuppe unterscheidet sich von einer Bouillon nur durch den Umstand, daß hier Fisch anstelle von Fleisch ausgekocht wird. Alles andere – Technik und Zutaten – ist mehr oder weniger identisch. Da ist zunächst das Gemüse. Lauch, Karotte, Tomaten, Zwiebeln und Knoblauch immer; Sellerie vielleicht, und Fenchel nur bei dieser Version. Kartoffeln keine. Ist meine Suppe als Hauptgericht gedacht, nehme ich für 4 Personen das Weiße und Gelbe einer Lauchstange, 2 mittelgroße Zwiebeln, 4 Tomaten, 1 Karotte, 1 Stück Sellerie in Walnußgröße, 1 Fenchelknolle, 3 Knoblauchzehen – weniger sollte es nicht sein, mehr kann nicht schaden. Das Gemüse wird geputzt und in kleine Stücke geschnitten, der Knoblauch zerdrückt. Da die Suppe durchgesiebt wird, ist es nicht nötig, die Knoblauchzehen zu schälen oder die Tomaten zu enthäuten. Alles zusammen gebe ich in einen großen Kochtopf mit schwerem Boden, in dem ich eine Tasse Olivenöl erhitzt habe. In dem heißen Öl lasse ich das Gemüse anschwitzen, ohne daß es braun wird. Also ständig rühren. Dabei würze ich bereits mit Salz und Pfeffer sowie mit 2 Stengeln Thymian. Statt Salz nehme ich, sofern vorrätig, kleingehackte Anchovis. Ich halte es für wichtig, daß das Gemüse in diesem Frühstadium bereits ein kräftiges Aroma bekommt, weil Gewürze sich später im Wasser nicht so schön entwickeln wie jetzt im heißen Öl. Zu den Gewürzen gehört auch der Pastis, den ich jetzt ebenfalls dazu schütte. Pastis heißt jener französische Anisschnaps, der, mit Eiswasser verdünnt, im Süden als Aperitif getrunken wird; die bekanntesten Marken sind *Pernod, Ricard* und *Pastis 51*. Davon brauche ich 2–3 EL. Auch den Safran gebe ich schon jetzt hinzu, ½ TL, Puder oder Fäden, darf es schon sein.

Währenddessen setze ich 2 l Wasser auf und schütte es, wenn es kocht, in meinen Suppentopf. Ob die Fischstücke erst jetzt ins Wasser gelegt werden oder bereits vorher mit dem Gemüse ein wenig mitgedünstet haben, scheint mir unwesentlich zu sein. Nun gieße ich auch den Wein hinzu. Weißwein, versteht sich, ein halber Liter, und trocken muß er sein. Die Fischstücke müssen bedeckt sein, aufsteigenden Schaum schöpfe ich ab und lasse das Ganze ohne Deckel ungefähr eine halbe Stunde auf dem Herd leise köcheln, länger nicht. Denn Fisch ist, im Gegensatz zum Fleisch, in sehr kurzer Zeit ausgekocht. Längeres Kochen würde die Suppe zu stark reduzieren, das heißt, ihr die Frische nehmen und eine gewisse Klebrigkeit bewirken.

Wenn ich vorhin ›keine Kartoffeln‹ sagte, so hat das seinen Grund. Es gibt nämlich in Südfrankreich eine kleine, aber radikale Fraktion der Feinschmecker, welche Kartoffelscheiben in ihrer Bouillabaisse mitkocht. Entsprechend wäre es möglich, auch in dieser Fischsuppe Kartoffeln mitzukochen. Hinterher mit dem Gemüse durchpassiert, hätten sie eine andickende Wirkung, was dort, wo die Suppe als einziges Gericht serviert wird, vielleicht kein unwillkommener Effekt wäre. Dennoch bin ich dagegen. Ich kann mir die Kartoffeln zusammen mit dem Pastis und dem Safran schlecht vorstellen.

Außerdem serviere ich meine Suppe ja mit einer Rouille, der Pfeffermayonnaise, und Croutons. Doch bis es soweit ist, muß ich sie noch verbessern. Es ist mir noch nie gelungen, diese Fischsuppe auf Anhieb so zu würzen, daß ich sie ohne weiteres hätte servieren können. Zunächst aber wird alles, was da eine halbe Stunde geköchelt hat, durchpassiert. Dazu benötige ich ein Spitzsieb, und zwar aus dem einzigen Grund, weil da mehr hineinpaßt. Wer jedoch eines jener schönen großen Rundsiebe mit Holzgriff hat, wie sie in Großküchen verwendet werden, braucht kein Spitzsieb. Die Suppe also durch ein Sieb abgießen. Das geht nie auf einmal, weil ja Fisch und Gemüse, obwohl teilweise zerkocht, eine ziemlich voluminöse Masse darstellen. Mit einer Suppenkelle drücke ich die Masse im Sieb aus, werfe sie weg und widme mich der abschließenden Verfeinerung. Das bedeutet abschmecken. Der erste Löffel schmeckt immer fade, ich weiß auch nicht, warum. Also nachsalzen und -pfeffern. Aber damit ist es nicht getan, denn diese Suppe hat ja einen ganz spezifischen Eigengeschmack, dessen Delikatesse die Arbeit und den Preis, die ich dafür aufgewendet habe, mehr als wett macht. Bloß: woher soll dieser Geschmack kommen, wenn er jetzt noch nicht einmal zu ahnen ist? Vor mir steht noch die Flasche mit dem Pastis, das Safranpuder, es liegen Knoblauchzehen und Tomatenmark auf dem Tisch. Mit diesen vier Dingen kriege ich das hin, irgendwie. Dazu muß ich immer wieder probieren, muß wissen – oder im Gefühl haben –, wovon wieviel zugesetzt werden soll. Es ist diese beim Kochen immer wieder auftauchende, letzte, entscheidende Phase, die wichtiger ist als die Marke des Herds oder die Silberauflage der Löffel. Hier und jetzt entscheidet sich, ob mich meine Zunge im Stich läßt oder ob ich diesen wunderbaren Triumph erlebe, wenn ich sicher bin: Ja, so schmeckt's genau richtig! Zusätzlichen Knoblauch (durchgepreßt) brauche ich übrigens nur dann, wenn ich keine Rouille mache, und das kommt selten vor. Diese rote Pfeffermayonnaise besteht zum größten Teil aus Knoblauch, sie ist eine Abart des Aioli, und ohne sie ist eine passierte Fischsuppe nicht vollständig. 6 Knoblauchzehen und 2 Eigelb brauche ich für eine Rouille für 6 Personen, was dem Kundigen verrät, daß ich mit dem Knofel sehr zurückhaltend umgehe. (Knoblauch-Matadore verlangen pro Person 4 Zehen!) Die geschälten Zehen püriere ich im Mixer oder mit dem Schnetzelstab. Die Eigelb schlage ich, bis sie dick und weißlich sind, rühre das Knoblauchpüree hinein, und dann, zunächst nur tropfenweise bei ständigem Rühren mit dem Schneebesen, das Olivenöl. Irgendwann zwischendurch kommt pulverisierter Paprika dazu (mittelscharf; er wird für die Farbe gebraucht) und Cayennepfeffer sowie einige Tropfen Zitronensaft, Salz. Ganz wichtig: Eigelb und Olivenöl müssen so warm sein, wie Rotwein in schlechten Restaurants serviert wird, weil die Mayonnaise sonst leicht auseinanderfällt. Auf die bequeme Möglichkeit, das alles im Mixer zu montieren, verzichte ich. Das Resultat wäre ganz eindeutig eine andere Rouille, leichter zwar, aber ohne den Charakter, ohne die Fülle der handgemachten. Wenn sich trotz aller Vorsicht das Öl von den anderen Bestandteilen trennen sollte, verrühre ich ein frisches Eigelb in einer neuen Schüssel und tropfe das mißglückte Produkt unter ständigem Schlagen dazu. Meine Version der Rouille ist nicht authentisch. Das Originalrezept schreibt Weißbrotkrumen vor, sowie gekochte und zermörserte rote Paprikaschoten, die in die Mayonnaise eingearbeitet werden, und Chilipfeffer statt Cayenne. Ich halte meine Version nicht für besser, aber leichter zuzubereiten ist sie allemal. In jedem Fall muß die Rouille steif sein wie eine normale Mayonnaise, hellrot und so gewürzt, daß sie auch mit dem Teelöffel zu essen ist, ohne daß der Notarzt kommen muß. Zur Suppe serviere ich sie in kleinen Portionsnäpfchen. Jeder Esser kann sich davon soviel in seinen Teller rühren, wie er will. Weil die Suppe insgesamt sehr leicht ist, wird jedermann mehr als einen Teller essen wollen. Damit sie aber alle satt werden, schneide ich Stangenbrot in Scheiben, röste es in Butter und serviere es zur Suppe. Schließlich ist es möglich und erlaubt, auch noch geriebenen Käse (Parmesan, Gruyère, etc.) dazu zu reichen. Es schmeckt nicht schlecht, wenn ich die schwimmenden Brotscheiben mit etwas Rouille beklekkere und mit Käse bestreue. Es schmeckt sogar sehr gut, nur anders. Aus der, trotz Rouille, eher zarten, fast aristokratischen Fischsuppe wird ein kräftiges, bürgerliches Essen. Doch wie auch immer: Es gibt wenige Suppen, die nicht nur den Gaumen und die Zunge des Essers entzücken, sondern sein gesamtes Wohlbefinden so angenehm beeinflussen, wie diese passierte Fischsuppe aus der Provence mit ihrer roten Pfeffermayonnaise.

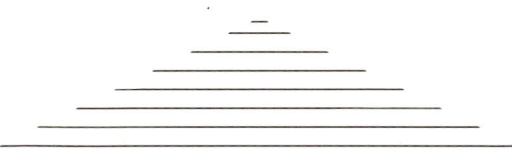

Nudeln I

Nudeln I

Wahrscheinlich ist die Nudel das beliebteste Nahrungsmittel der Welt. Ob reich oder arm, jung oder alt, Bauern oder Gourmets – alle lieben Nudeln. Dabei sind sie in ihrer Primitivität kaum zu überbieten. Mehl und Ei ergeben immer nur den gleichen Nudelteig; Variationen, wie sie das Brot oder die so wunderbar wandlungsfähige Kartoffel bieten, stehen der Nudel nicht zur Verfügung. Sie verläßt sich ganz auf den köstlichen Dreiklang von Olivenöl, Tomate und geriebenem Käse und siegt damit in der Gunst der Esser um Längen. Das bewirken wohl gleichermaßen die geschmackliche Harmonie, die von dieser Kombination ausgeht, wie auch die weiche Konsistenz. Denn nicht kauen zu müssen, ist auch bei Erwachsenen ein unterdrückter Wunsch, den die Nudel bereitwillig erfüllt. Doch schmälert das keineswegs den Verdienst, den sie sich um unsere kulinarische Lust erworben hat. Wie sie immer neue Genüsse vermittelt, ohne von ihrem mehligen Charakter auch nur ein Gramm abzuschwören, das ist schon einmalig.

Am Anfang des Nudelessens steht die Frage: selbstgemacht oder nicht? Dabei geht es allein um die Frische. Denn ob Nudeln gut oder weniger gut schmecken, hängt davon ab, wie frisch sie sind. Und da ist die selbstgemachte Nudel, die man, kaum entstanden, sofort in den Topf werfen kann, eindeutig im Vorteil. Alle anderen Qualitäten können auch von konfektionierten Nudeln erreicht werden. Das ist lediglich eine Frage der Proportion: wieviel Eier auf wieviel Mehl? Um frische Nudeln zu bekommen, muß man sie heute nicht einmal mehr selbst machen. Viele italienische Geschäfte in unseren Großstädten, neuerdings sogar Kaufhäuser, haben sich auf tägliche Nudelproduktion spezialisiert. Nur Landbewohner haben keine Wahl; sie müssen sich wohl oder übel den Puristen anschließen, für die es nur eine Nudel gibt: die selbstgemachte. Mit den italienischen Nudelmaschinen, die im Handel sind, ist das nicht einmal schwierig. Bloß eben nicht so einfach, wie ein Paket aufreißen.

Das Grundrezept für einen Nudelteig lautet: auf 100 Gramm Mehl 1 Ei, Salz, Olivenöl, eventuell Wasser. Das Mehl auf eine Arbeitsplatte häufeln (wo es sich besser verarbeiten läßt als in einer Schüssel). In die Mitte des Haufens eine Vertiefung eindrücken und dort die Eier und eine Prise Salz sowie 1 EL Olivenöl hineingeben. Vorsichtig zusammenmischen und durchkneten, den Teig zu einer Kugel formen. Die Größe der Eier und die jeweilige Mehlsorte bedingen eine nicht ganz voraussehbare Konsistenz. Der Teig kann zu trocken sein, es bleiben noch weiße Mehlreste sichtbar: mit einigen Tropfen Wasser nachhelfen. Oder er ist zu naß, also klebrig, dann braucht er noch etwas Mehl. Schwierig ist das alles nicht, nur mühsam. Denn auch wenn die Nudelmaschine den schwersten Teil der Herstellung übernimmt, die Kugel will zunächst mit der Hand geknetet sein (danach in ein feuchtes Tuch einwickeln und 20 Min. ruhen lassen). Abweichungen bei den Zutaten sind bei den Eiern möglich. Man kann pro Ei zusätzlich noch ein Eiweiß in den Teig mischen (dann wird man auf das Öl verzichten) oder bei 300 Gramm Mehl 4 ganze Eier nehmen. Je mehr Eier der Teig enthält, um so mehr gehen die Nudeln beim Kochen auf. Natürlich schmecken Nudeln mit vielen Eiern besser, aber hauchdünne Ravioli kriegt man damit nicht zustande. Es ist sehr wichtig, die Nudeln in viel Wasser zu kochen. Auch dafür gibt es eine Faustregel: 100 g Nudeln brauchen 1 l Wasser. Dieses sollte gesalzen sein und muß heftig kochen, damit es auch noch weiterkocht, wenn man die kalten Nudeln hineinwirft. Ganz frische Nudeln, die noch weich und feucht sind, läßt man einmal aufkochen und dann nur noch garziehen; sie sind in kürzester Zeit fertig, 2 bis 3 Minuten reichen meistens aus. Trockene Nudeln brauchen länger, und Nudeln aus der Packung dürfen durchaus sprudelnd kochen, ohne daß sie zerkocht würden. Genaue Zeitangaben sind nicht möglich und, wie ich meine, auch nicht nötig. Denn es wird ja jeder so vernünftig sein und selber probieren, wie weit seine Nudeln schon sind. Damit wäre ich beim Begriff *al dente*, der auch jenen Zeitgenossen bekannt ist, die ansonsten Tomaten nur als Ketchup kennen und bei Öl an den Persischen Golf denken. Der Begriff *al dente* geistert wie ein Zauberwort bei den Nudelessern umher. Gemünzt aber war er auf Gasthausküchen, Kantinen und Raststätten. Denn nur dort gibt es zermatschte, klebrige Nudeln, weil nur dort gare Nudeln noch eine Stunde im heißen Wasser schwimmen. Das müssen sie nämlich, um klebrig zu werden, und das geschieht im Privathaushalt ja kaum. Die Fälle, wo die Hausfrau, von Werner Höfers Frühschoppen gefesselt, die Nudeln auf dem Herd vergißt, sind Ausnahmen. Biß haben, wie das heißt, als handele es sich um Äpfel, sollen nur Hartgrießnudeln und Nudeln ohne Eier. Eiernudeln aber müssen richtig gar sein, ein mehliger Kern wäre nur undelikat.

Wenn Nudeln gar sind, werden sie abgegossen, mehr nicht. Abschrecken und andere Manipulationen sind sinnlos. Wichtig ist nur eines: sofort servieren! Nudeln, die jetzt noch einige Minuten im Sieb oder in der Schüssel warten müssen, verändern sich unvorteilhaft. Heiß müssen sie sein, dampfend heiß, und noch feucht vom Kochwasser. Ich wärme meine Nudelschüssel im Backofen vor, damit die Nudeln bloß keinen Schock kriegen, wenn ich sie in die Schüssel schütte. Dann sofort die Sauce untermischen (manchmal wartet sie bereits in der Schüssel) und auf den Tisch damit!

Ob diese Nudeln nun Spaghetti heißen oder Tagliatelle oder Fettuccine – die Unterschiede bestehen nur in der Form und in der Art, wie die jeweilige Nudel von der Gabel rutscht. Denn, wie ich eingangs schon sagte, die eigentliche Nudel ist nichts Aufregendes. Erst wenn man sie mit einer Sauce zusammenbringt, verwandelt sich das Aschenbrödel in eine Prinzessin. Da genügen die simpelsten Dinge wie ein Stück Butter und etwas Parmesan, und die hartgesottensten Feinschmecker verdrehen die Augen vor Wonne. Damit das jedoch geschieht, bedarf es wie immer bei der Feinschmeckerei erstklassiger Qualität bei den Rohprodukten. Daß es bei der Butter Unterschiede gibt, habe ich oft genug beklagt. Nicht anders beim Parmesan. Völlig undenkbar ist es für mich, daß ich jemals in einen Supermarkt gehe und fertig geriebenen Parmesan kaufe. Lieber keine Nudeln mit Parmesan als diesen Ersatz. Nein, frisch muß er sein und, für meinen Geschmack, nicht nur frisch gerieben, sondern überhaupt frisch, das heißt, nicht hart und trocken. Aber da beginnt das Gebiet der persönlichen Vorliebe, und in diesem Punkt sind Nudeln unendlich tolerant: es ist alles erlaubt. Jede denkbare Sauce läßt sich mit irgendeiner Art von Nudeln kombinieren. Angefangen vom Simpelsten, dem reinen Olivenöl mit zerdrücktem Knoblauch bis zu schon fast raffinierten Safransaucen auf Fischbasis; vom klassischen *sugo* Neapels bis zum feingeschnittenen Pilzragout. Schließlich kommen die sündhaft teuren Trüffel – weiß oder schwarz – zwischen heißen Nudeln zu besonders schöner Wirkung. Doch für welche Sauce Sie sich entscheiden, frönen Sie bitte nicht der Unsitte, die Nudeln in der Sauce zu ertränken! Diese soll nicht als Pfütze im Teller stehen.

Weil das Einfache oft sehr schwierig ist, und weil die Liebe zur Nudel bei Knoblauchfreunden besonders stark ausgeprägt ist, folgt als Rezeptbeispiel das bereits erwähnte Olivenöl mit Knoblauch. Es ist eine kalte Sauce, und am perfektesten kriegt sie Monsieur Guisti in seinem Bistro *La Merenda* am Blumenmarkt in Nizza hin. Er serviert sie zu Basilikum-Spaghetti, also grünen Nudeln, nur daß die Farbe nicht wie sonst vom Spinat stammt, sondern vom Basilikum. Solche Nudeln kriege ich hier nicht. Sie selber zu machen, bin ich zu faul, also kaufe ich beim Italiener frische Spinat-Nudeln.

Frischer Knoblauch, wie er hier verwendet wird, hat Eigenschaften, die ihn in den Augen (und Nasen) vieler Menschen als ungenießbar erscheinen lassen. Er ist scharf und macht sich auch noch 24 Stunden nach dem Verzehr bemerkbar. Oft genug nicht nur für die Mitmenschen, sondern auch für den Esser, wenn der keinen robusten Magen hat; leicht verdaulich ist frischer Knoblauch nämlich nicht. Nun kann Knoblauch frisch sein und sehr frisch. Der Unterschied macht viel aus. Im Winter und im Frühjahr, wenn er zu keimen beginnt, wird er tückisch. Sein Aroma ist dann schwächer, aber was er im Magen anstellt, kann sich durchaus mit einer Handvoll Reißzwecken vergleichen. Trotzdem ist er dann nicht ungenießbar und für diese Sauce durchaus brauchbar. Nur muß man die Zehen zunächst halbieren und die grünen Keime entfernen, die sollen besonders bösartig sein. Vielleicht stimmt's nicht; ich habe es nie darauf ankommen lassen.

Wieviele Knoblauchzehen? Also im Sommer, wenn er frisch und saftig ist, nehme ich für 6 Personen eine Handvoll. Das können zwischen 8 und 14 Zehen sein, eine eindrucksvolle Menge! Vom Winterknoblauch nehme ich weniger, vielleicht 6 bis 8, das ist mehr Gefühlssache als Gesetz; Angaben in Gramm nützen hier nichts. Die geschälten Zehen werden grob zerschnitten. Frischer Reibkäse wird ebenfalls zerbrochen, und zwar nehme ich hier Pecorino, ein dem Parmesan ähnlicher Hartkäse, der aus Schafsmilch hergestellt wird. Auch dessen Menge läßt sich nicht aufs Gramm genau bestimmen; ein walnußgroßes Stück pro Person betrachte ich als Minimum. Beides wird zusammen in der Moulinette oder mit dem Mixstab zu Brei püriert und in der Nudelschüssel mit Olivenöl aufgegossen und verrührt, bis es ein dünner Brei geworden ist – oder eine dicke Sauce. Mit Salz würzen. Dazu muß ich den Brei abschmecken, und das ist ein ganz schöner Schock! Im Umkreis von drei Meilen verlassen die Vampire flucht-artig ihre Särge, und zurück bleiben nur meine Zweifel: Kann ich das wirklich meinen Gästen vorsetzen? Keine Sorge, man kann. Nur nicht zuviel davon, das ist klar. Also auf den Boden der Schüssel nur etwa 1 cm von der blutdrucksenkenden Sauce. Manchmal streue ich auch noch grob geschrotete schwarze Pfefferkörner hinein und feingewiegte Petersilie. Durstig macht die Sauce so und so, und das ist nicht das schlechteste, was man von manchen Speisen sagen kann. Jedenfalls ist es erstaun-lich, wie hier die letzten Endes blasse Nudel mit dem wüsten Knoblauchbrei zu einer so leckeren Vorspeise wird, daß alle am Tisch mit einer zweiten Portion liebäugeln.

In der Genueser Küche gibt es eine ähnliche Sauce, *pesto alla genovese* genannt. Dabei werden zum Knoblauch und Käse Pinienkerne und sehr viel Basilikum püriert. Zu solchen Gerichten, die unbedingt mit Wein begos-sen werden wollen, passen weiße Durstlöscher am be-sten, trockene Weine ohne große Fruchtigkeit, wie sie an den nördlichen Mittelmeerküsten wachsen. Badische Gutedel und Weißburgunder sind auch nicht zu verach-ten. Doch welche Sorte Sie auch zu den Knoblauch-Nudeln trinken, nach Wein werden Sie hinterher nicht riechen.

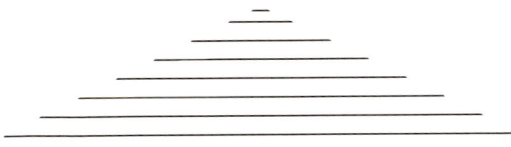

Nudeln II

Nudeln II

Es ist nun einmal so, daß das deutsche Wort Nudel keinen sehr schönen Klang hat. Das liegt an den Assoziationen, die es auslöst. Ich denke dabei eher an *fast food* als an Delikates. Schreckenerregender als alle anderen Begriffe liest sich *Spaghetti mit Tomatensoße*. Das liegt an der Massenkonfektion, die aus diesem traditionellen Gericht einen elenden, weiß-roten Doseninhalt gemacht hat, der, Arm in Arm mit einem Hamburger, ins kulinarische Gruselkabinett gehört. Das muß nicht sein. Denn bereits diese klassische Allianz aus Tomaten und Spaghetti läßt erkennen, welche Genüsse sie bewirken kann. Nur darf sie eben nicht aus der Dose stammen. Die Tomate ist für viele Spaghettisaucen das Basisprodukt, aber zur wirklichen Sauce wird sie erst, wenn noch etwas anderes dazukommt. Was das im Einzelfall ist, ist in Italien von Provinz zu Provinz verschieden, oft ändern sich die Zusammenstellungen schon von Stadt zu Stadt, ja von Familie zu

Familie. Es ist schon richtig, was italienische Nudelgeg-
ner ihren Landsleuten immer wieder vorhalten, daß die
Pasta asciutta nicht nähre, nur den Bauch fülle, daß ihre
Substanz minimal sei im Vergleich zu ihrem Volumen.
Das ändert aber nicht das geringste an der Beliebtheit
der Nudeln, an der Leidenschaft, mit der ihre Saucen
diskutiert und verteidigt werden. Man kann sie ständig
diskutieren, weil es strenge, vorgeschriebene Rezeptu-
ren wie in der französischen Küche nicht gibt. So kann
jede Familie ihre eigene Version einer Tomatensauce
haben und sie für die einzig authentische halten – es gibt
keine authentische Version. Sogar bei den Kochzeiten
gibt es offenbar zwei verschiedene Schulen. Die meisten
Kochbücher propagieren kurze Kochzeiten (das freut
die Leser, die es eilig haben und Strom sparen wollen).
Es geht tatsächlich in 45 Minuten. Ich weiß aber auch
von italienischen Hausfrauen, für die eine Tomatensauce 3 bis 4 Stunden köcheln muß, wenn sie ihren Namen
wert sein soll. Und auch dagegen ist nichts zu sagen,
denn bei diesen beiden Beispielen handelt es sich schon
wieder um zwei verschiedene Saucen. Welche davon die
bessere ist, wage ich nicht zu beurteilen. Ich benutze
beide Verfahren. Wichtig scheint mir nur, daß die Zwiebel weich sind, richtig weich, und das kann manchmal,
je nach Zwiebelsorte, länger als eine Stunde dauern.
Zwiebelstücke, die noch einen ›Biß‹ haben, sind ein
Zeichen von schlechter Küche. Davon zeugen übrigens
auch Tomatenkerne und -häute. Deshalb muß eine
Tomatensauce zum Schluß entweder durchpassiert,
oder die Tomaten müssen zuerst enthäutet und entkernt
werden, bevor man sie weiterverarbeitet. Hier sind
Rezepte für beide Versionen. Sie sind, wie gesagt, we-

der klassisch noch authentisch und können beliebig abgewandelt werden, solange Tomaten darin sind. Frische Tomaten sind selbstverständlich vorzuziehen; aber im Winter, wenn die Tomaten wässerig oder mehlig sind, geht es auch mit Dosentomaten. Diese sind bereits geschält, man sollte sie vor der Verwendung aber gut abtropfen lassen und dabei auch die Kerne entfernen, so gut das geht. Die benötigte Menge für 4 Personen liegt zwischen 600 und 800 Gramm, das richtet sich nach dem Aroma und der Konsistenz der Tomaten. Außerdem brauche ich 2 kleine oder 1 große Zwiebel, Olivenöl, Tomatenmark, Basilikum, möglichst frisch, Zucker, schwarzen Pfeffer, Salz. Ganz wichtig ist der Zucker, der nie fehlen darf, wenn Tomaten in größeren Mengen verwendet werden, er blockt ihre Säure ab, nimmt ihrem Geschmack das Spitze, Stechende. Anstelle von schwarzem Pfeffer nehme ich manchmal auch Cayennepfeffer; warum, weiß ich selber nicht. Vielleicht, weil es danach noch einen Gang gibt, vor dem ich den aggressiven, exotischen Cayennepfeffer passender finde; vielleicht liegt es auch nur am Wetter.

Mit dem Olivenöl gehe ich großzügig um: 4 bis 5 Eßlöffel in die Kasserolle. Praktischerweise kocht man eine Tomatensauce in einem Topf, nicht in einer flachen Pfanne, weil kochende Tomatensauce tückisch spritzt. Die Zwiebeln werden geschält und fein gehackt, das Olivenöl erhitzt. Die Zwiebeln dazugeben und langsam andünsten. Sie sollen auf keinen Fall braun werden, nur glasig und schon ein bißchen weich. Knoblauch muß nicht sein, aber drei Zehen, geschält, gehackt und zusammen mit den Zwiebeln angedünstet, fehlen in meiner Sauce nie. Inzwischen habe ich die Tomaten enthäutet, entkernt und in kleine Stücke geschnitten. Die kommen jetzt zu den Zwiebeln in den Topf und zischen gewaltig. Jetzt würze ich mit je 1 TL Zucker und Salz, 1 Lorbeerblatt und gebe noch 1 EL Tomatenmark dazu. Habe ich frisches Basilikum, warte ich damit; getrocknetes streue ich jedoch jetzt schon in den Topf, ungefähr 2 TL. Manchmal habe ich weder frisches noch getrocknetes, dann nehme ich Thymian. Es schmeckt ganz anders, viel wilder, aber warum nicht? Auch Oregano wird empfohlen, ich mag ihn nicht so gern, aber da es letztlich keine Regeln gibt, sollte auch das erlaubt sein. Nur an diese Regel halte ich mich: Basilikum immer nur allein in eine Sauce. Es ist nicht so kräftig, daß es sich neben Thymian oder anderen südlichen Konkurrenten unbeschadet behaupten könnte.

Meine Tomaten lasse ich nun sachte vor sich hinköcheln, 2 Stunden mindestens, und wenn es 3 Stunden werden, um so besser. Dabei wird die Sauce weniger und dicker, und das soll sie auch. Frisches Basilikum gebe ich zerrupft erst kurz vor dem Servieren hinzu. Das bedeutet, daß ich die Sauce nicht durchpassieren darf; also mußten die Tomaten vorher enthäutet sein. Beim Abschmecken nicht zu zaghaft würzen! So, mit dem Löffel aus dem Topf probiert, mag die Sauce schon sehr stark schmecken, aber mit den feuchten Nudeln vermischt, verblaßt dieser Geschmack sofort. In diesem Stadium muß die Sauce deshalb *über*würzt sein! Wenn ich sie durchpassiere (wegen der Tomatenhäute), würze ich erst hinterher. Dann greife ich manchmal auch noch einmal zum Zucker, denn die Säure der Tomaten, die ihn notwendig macht, scheint vor allem in den Häuten zu sitzen, die hier ja die ganze Zeit mitgekocht haben.

Es ist wie beim Tee, der auch verschieden schmeckt, je nachdem ob er nach kurzer Zeit von den Blättern abgegossen wird oder noch lange zieht.

Meine zweite Version der Tomatensauce ist nicht so südlich und nicht so deftig. Dazu brauche ich unbedingt frische Tomaten, und diese enthäute ich nicht nur, sondern ich kratze alles heraus und schneide alles weg, was nicht reines, rotes Tomatenfleisch ist. Dieses wird gewürfelt (nicht zu klein) und in bester Butter weichgedünstet, und zwar nur bis zu jenem Punkt, wo das Tomatenfleisch gar ist, aber noch nicht zerfällt. Das dauert ungefähr 10 bis 15 Minuten bei kleiner Flamme. Zwiebeln kommen in diesem Rezept nicht vor, gewürzt wird nur mit Salz, schwarzem Pfeffer und frischem Basilikum, das hier nicht so klein zerrupft wird. Ja, und dann dicke ich mit etwas Sahne an. Das klingt nun schon wieder sehr nordisch. Tatsächlich serviere ich diese Sauce auch weniger zu Nudeln als zu leicht gebratenen Fischfilets, und zwar von Meeresfischen. In dieser Kombination wird dann doch noch ein mediterranes Essen daraus. Bloß ist es nicht ganz so einfach, wie sich das anhört. Denn wie kriegt diese Sauce – die eher ein Tomatenragout mit Sahne ist – einen kräftigen Geschmack, wenn ich sie nicht reduziere (wobei ja das Tomatenfleisch zerkochen würde)? Das hängt vor allem von der Qualität der Tomaten ab. Wenn es sich um wässerige oder mehlige Treibhaustomaten handelt, ist alle Anstrengung vergebens. Aber im Spätsommer aus aromatischen Gartentomaten hergestellt, enthüllt diese Sauce eine Qualität, die in der Nudel-Abteilung selten ist: Raffinesse. Deshalb wird sie auch in Feinschmekkerrestaurants serviert, manchmal mit, manchmal ohne

Sahne. Ich habe schon geriebene Orangenschale darin entdeckt, glaubte einen Schuß Gin herauszuschmecken und fand kleine Bröckchen Schafskäse.

Mir selber dient diese Art der Tomatensauce als Basis für eine meiner liebsten Nudel-Saucen. Sie muß unserer deutschen Zunge wohl besonders schmeicheln, sonst würde nicht fast jedes italienische Restaurant in der Bundesrepublik eine Variante davon anbieten. Es ist die Kombination von Tomaten, Erbsen, Champignons und Sahne. Die Tomatenstücke dünste ich wie beschrieben in Butter. Die Erbsen müssen von der extra-feinen Sorte sein, also nicht mehlig, und somit zwangsläufig aus der Dose oder tiefgekühlt. Abtropfen und separat in Butter erhitzen, mit Zucker und Salz und frischem Estragon würzen. Ebenfalls separat bereite ich die Champignons zu; 150 g reichen für 4 Portionen. Die Pilze (unbedingt frische!) putzen und in Würfel schneiden, die nicht viel größer als die Erbsen sein sollten. In Butter anbraten, salzen, mit Zitronensaft beträufeln und mit einer kräftigen Hühnerbrühe ablöschen. Darf jedoch nicht suppig werden. Nun gebe ich 2 Lorbeerblätter dazu und gieße mit einer Tasse Sahne auf. Nachwürzen. Auf großer Flamme einkochen lassen, bis Sahne und Hühnerbrühe eine dickliche Sauce geworden sind, die ruhig ein wenig Farbe angenommen haben darf. Nun die vorbereiteten Tomaten und die Erbsen hinzufügen und noch einmal kurz aufkochen. Beim Abschmecken achte ich darauf, daß der Lorbeer deutlich zu schmecken ist, er verbindet sich mit der Sahne und den Champignons zu einem Aroma, das ich liebe. Estragon und Erbsen sind für sich ebenfalls eine köstliche Kombination, und das – nicht zerkochte – Tomatenfleisch verbindet all das zu einer herrlichen Sauce. Sahne ist in jedem Fall notwendig, wo Nudeln überbacken werden. Nudeln vom Vortag kann man nämlich auf diese Weise bedenkenlos verwerten: Entweder in Butter anwärmen und in einer feuerfesten Form im Ofen unter dem Grill überbacken, oder einfach mit Butter und Sauce in den Ofen schieben. In Italien werden solche Gerichte grundsätzlich mit einer Bechamel-Sauce überbacken, plus Tomatensauce und dem unverzichtbaren Reibkäse, und das ist sicher die einfachste Methode. Mir ist das ein bißchen viel Mehl, ich nehme nur Sahne und Käse und hoffe, daß es auch so geht. Es geht tatsächlich; allerdings kriege ich so niemals die schöne dicke Kruste hin, die auf einer Pizza oft das einzig Eßbare ist. Wie auch immer: der zu gratinierende Reibkäse sollte nicht ausschließlich Parmesan sein, der verbrennt leicht und wird trocken. Am besten ist eine Mischung aus Parmesan und Gruyère. Wirklich mißraten kann so ein Nudelgratin kaum, er kann nur schlecht gewürzt sein. Doch wer da nicht ängstlich ist und ansonsten Zutaten von erster Qualität verwendet, der muß kein Kochkünstler sein, um daraus eine leckere Angelegenheit zu machen. Denn Kochkunst ist das nicht, wohl aber eine der sympathischsten Möglichkeiten, aus der anspruchslosen Küche des Südens ein Höchstmaß an kulinarischer Freude zu gewinnen.

Salade Niçoise

Salade Niçoise

Was ist falsch an folgender Behauptung:
An seinem Salat hat der Deutsche einen Narren gefressen? Das Wort ›Behauptung‹ ist falsch; es handelt sich um eine Tatsache. Daß diese Tatsache für das Niveau unserer Küche keineswegs förderlich ist, halte ich für erwiesen. Denn Salat wird bei uns als Beilage verstanden, als kalte Beilage zu warmen Speisen. Darüber hinaus bringt er eine ziemlich ausgeprägte Säure ans Essen, ob sie zu diesem Essen paßt oder nicht. Vom Wein, der zum guten Essen gehört wie Messer und Gabel, ganz zu schweigen.
Seine Beliebtheit verdankt der Salat einem doppelten Mißverständnis. Er läßt sich leicht und mühelos herstellen, lautet das eine. Wo ein Salat tatsächlich ruckzuck auf den Tisch gebracht wird, dort taugt er nicht viel. Denn wie man ohne Anstrengung hohe Qualität erreicht, ist immer noch eines der bestgehüteten Geheimnisse, nicht nur in der Küche. Das zweite Mißverständ-

nis lautet: Salat ist gesund. Er war es einmal. Damals, als ihn noch die Schnecken mochten und die Blattläuse. Als er mit Pferdemist gedüngt wurde, oder womit meine Oma ihre Salatköpfe großgezogen hat. Heute gehört Salat zu den am meisten belasteten Kulturpflanzen, und was der Euphemismus ›belastet‹ bedeutet, wissen wir ja wohl alle.

Wenn auch nicht mühelos, wenn auch von nur fragwürdiger Bedeutung für den Leib – die Seele freut sich trotzdem über einen Salat. Die Frage ist nur: welcher Salat? Die Vielseitigkeit der Angebote gibt uns die Wahl zwischen allerlei Salatsorten. Der Kopfsalat, der in der Küche unserer Vorfahren noch Alleinherrscher war (mit Zucker und Zitrone angemacht ...!) hat Konkurrenz bekommen. Eichenblattsalat, Frisée, Romain, die *mesclun* genannte Salatmischung der Provence, der traditionelle Feldsalat, der bittere Radicchio, und schließlich die von Rohkostfreunden wahrgenommene Möglichkeit, jegliches Gemüse, kleingeschnitten, mit Essig und Öl in einen Salat zu verwandeln – Kaninchen müßte man sein!

Nun ist es das Wesen der Feinen Küche, daß sie nicht alles erlaubt, was möglich ist. Der Feinschmecker wird sich deshalb auf wenige Sorten beschränken. Für Abwechslung sorgen dabei weniger die Salatsorten, sondern die Dinge, mit denen sie vermischt werden. Die *salade folle* des Michel Guérard und ihre unzähligen Variationen sind wohl das beste Beispiel für die Verwandlungsfähigkeit der grünen Mischung – und für ihre manieristischen Entartungen. Ob mit frischer (oder gebratener) Gänseleber angereichert, mit warmen Wachtelbrüsten, mit Spiegelei von der Wachtel, rohen

Pilzen, Kalbsbries, Trüffelscheiben, Räucherlachs, Krebsschwänzen, Fischfilets, Hühnerleber, Kaninchennieren; ob ihnen Gemüse wie gekochte *haricots verts* und Tomatenstücke oder gar Kaviar bei der Verschönerung helfen sollen – in der modernen Küche ist es oft mehr die Phantasie des Kochs, die über die Zusammensetzung eines Salats entscheidet, als die kulinarische Logik. Ich meine, daß das effektvolle Durcheinander auf den zeitgenössischen Salattellern nicht sinnvoller ist als die pompösen Garnituren der Escoffier-Küche.

Dabei gibt es zwei gemischte Salate, die der einfachen Küche entstammen und sich trotzdem ihren Platz unter den Delikatessen erobert haben: Der Winzersalat aus dem Beaujolais mit Brotstückchen, gebratenem Speck und pochiertem Ei, sowie die *salade niçoise*. Letztere ist bei den Mittelmeer-Touristen mit Recht beliebt, denn am Strand im heißen Sommer läßt sich kein schöneres Mittagessen denken als eine große Schüssel Salat *niçoise*. Auch in unseren Breitengraden kann er ein Genuß sein – wenn er zur richtigen Zeit mit den richtigen Zutaten angemacht wird. Und das ist unter Umständen schwieriger, als es scheint. Die richtige Zeit, das ist der Hochsommer, wenn die Gartentomaten reif sind. Ihr fast süßlicher Geschmack, der sich so vorteilhaft von dem der harten Wasserkugeln gleichen Namens unterscheidet, welche im Treibhaus groß geworden sind, oder von ihren exotischen Vettern, die noch grün gepflückt werden, so daß ihnen erst auf dem langen Transport die Schamröte ins Gesicht steigt – dieser reife Geschmack einer Gartentomate ist für einen guten Salat *niçoise* unersetzlich. Nicht einmal das so wesentliche Olivenöl ist der kritische Punkt bei der Zubereitung, weil man nämlich gutes Olivenöl heute nicht nur beim Hersteller kaufen kann. Von der ersten Pressung sollte es sein: *vierge-extra pression à froid* steht dann auf den französischen Flaschen oder Kanistern; die Italiener nennen es ähnlich: *extra vergine.* Daß die Qualität des Olivenöls genau so wichtig ist wie die der Butter oder des Weins, versteht sich von selbst. Nicht ganz verständlich ist mir der Kult, der von vielen um das Öl gemacht wird. Ob dies nun aus Lucca stammt oder aus Trevi, aus Grasse oder Toulon – gute Qualitäten gibt es überall. Es ist wie beim Wein: Ob Bordeaux, Burgunder oder Côte-du-Rhône; ob Rheingau, Baden oder Franken, wichtig ist allein der Erzeuger. Und wie beim Wein findet man auch beim Olivenöl die besseren Qualitäten beim Kleinproduzenten und nicht dort, wo Massenware hergestellt wird.

Schwieriger ist es mit den Oliven selber. Sie gehören in den Salat *niçoise* wie der Speck in den Winzersalat. Unsere Supermärkte führen dicke grüne oder schwarze Oliven. Die grünen sind hart und geschmacklos und erinnern automatisch an Cocktailparties, wo sie neben den obligaten Erdnüssen vor sich hin trocknen. Die schwarzen sind ebenfalls nicht geeignet, dem mediterranen Salat neue Freunde zu gewinnen, wenngleich sie vor ihrer Aufnahme in die Blechkanister wahrscheinlich besser, bestimmt aber anders geschmeckt haben. Beide Sorten haben jedenfalls so gut wie keine Ähnlichkeit mit den kleinen, glatten schwarz-braunen Oliven, wie sie in der Region Nizza wachsen.

Leider hat die Natur es so eingerichtet, daß sie und die Tomaten nicht gleichzeitig reif werden. Im Sommer, in der Tomatenzeit, liegen die Oliven bereits ein halbes

Jahr in ihrer Lake, wo doch alle Experten erklären, daß die Oliven ihr schönstes Aroma nach zwei, drei Monaten entwickeln. Sei's drum.

Mit den Anchovis, die auf jeden Fall in den Salat *niçoise* gehören, gibt es hingegen keine Probleme; sie stammen auch in Nizza aus Gläschen wie in Neustadt a. d. Weinstraße. Womit wir beim Essig wären.

Beim Essig unterscheidet sich der Salat *niçoise* nicht von anderen Salaten: ein guter Rotweinessig, ohne Kräuter, ist ideal. Der für feine Salate bevorzugte Sherry-Essig oder gar der kostbare *balsamico* wären bei dieser eher deftigen Salatmischung fehl am Platz.

Bleibt die Kartoffel-Frage: Sollen sie in den Salat oder nicht? Ich bin dagegen. Aber nicht einmal die Einheimischen sind sich in dieser Frage einig. Der langjährige Bürgermeister von Nizza, Herr Médecin, führt die Kartoffelgegner an, während die Befürworter sich auf klassische Kochbücher berufen können. Es schmeckt beides, allerdings verschieden. Und sind erst einmal Kartoffeln im Salat, dann müssen, wie ich meine, auch Zwiebeln (feingehackt) und Knoblauch mit hinein. Die aber haben normalerweise im Salat *niçoise* nichts zu suchen. Darauf hinzuweisen, scheint mir besonders wichtig. Die allgemeine Vorstellung, die provençalische (oder die ligurische) Küche sei automatisch eine Knoblauchküche, ist falsch. Mitgekocht oder -gebraten wird er nicht selten, das ist wahr. Aber gekochte oder gebratene Knoblauchzehen unterscheiden sich ganz wesentlich von rohen: nur diese sind scharf und penetrant, während Sie auch nach dem Genuß von einer Handvoll weichgekochter Knoblauchzehen ohne weiteres einen Theaterbesuch einplanen können.

Die für den Salat benötigten Eier müssen hartgekocht werden, ein Vorgang, der einfach klingt, aber dennoch seine Tücken hat. Zunächst dürfen die Eier nicht ganz frisch sein, also nicht nestwarm, weil sich solche Eier nicht schälen lassen. Sodann darf die Kochzeit 12 Minuten nicht überschreiten. Nur wenn das Eiweiß die Konsistenz von mürbem Gummi haben und das Eigelb trocken und grünlich werden soll, nur dann empfiehlt sich eine Kochzeit von 15 Minuten und länger. Dieses Zeitmaß setzt zudem voraus, daß die Eier in kaltem Wasser aufgesetzt und zum Kochen gebracht werden, wie ich es tue. Wer Eier ins bereits kochende Wasser legt, der hat sie sogar noch schneller ruiniert!

Nun zum Thunfisch. Er ist, trotz aller Bedenken gegen Fischkonserven, ganz wesentlich. Ich achte allerdings darauf, daß es sich nicht um ein Thunfisch-Ragout handelt, also kleine Stückchen, die da im Öl liegen, sondern um einen soliden Block (steht auf der Dose). Und besser als roter Thunfisch schmeckt mir der weiße. Bleibt das Kräuter-Problem. Wenn wir von der Provence hören, denken wir an ihre duftenden Kräuter. Im Salat *niçoise* spielen sie jedoch keine Rolle. Ein bißchen gehackte Petersilie, das ist alles, was ich verwende. Das kräftige Aroma der Tomaten, des Thunfischs und des Öls, die Intensität der salzigen Anchovis und der Oliven machen Kräuter überflüssig. Was aber, wenn ich die Zutaten für diesen Salat zur falschen Zeit kaufe, wenn also das Aroma keineswegs so kräftig ist? Wäre dann nicht ein bißchen Schnittlauch eine Verbesserung? Oder Basilikum oder Dill? Nun, Dill ganz bestimmt nicht, der gehört zu hanseatischen Gurken oder polnischen Krebsen. Aber gegen die anderen

Kräuter ist nichts einzuwenden. Es ist wie beim Fasan: War es ein wilder mit einem deutlichen Hautgout, dann ist jede weitere Bearbeitung überflüssig. Gehört er aber zur großen Mehrheit der gezüchteten und gepäppelten Fasanen mit dem typischen Null-Aroma, dann muß gewürzt und manipuliert werden, um aus dem müden Vogel eine Delikatesse zu machen.

Nicht anders beim Salat *niçoise*. Die dafür benötigte Vinaigrette ist simpel: Rotweinessig mit Salz und schwarzem Pfeffer vermischen und das Olivenöl im Verhältnis 1 : 4 hinzufügen, dabei mit dem Schneebesen rühren. (Besser geht es mit dem Mixstab.) Das Verhältnis 1 : 4 ist nicht verbindlich, das hängt von der Stärke des Essigs ab. Hier ist abschmecken unerläßlich. Der gewaschene Salat wird sorgfältig trocken geschleudert (Merke: Wasser im Salat ist schlimmer als Mehl in der Sauce!) und in mundgerechte Stücke zerrupft, mit den geviertelten Tomaten vermischt, darauf die ebenfalls geviertelten hartgekochten Eier legen sowie den zerrupften Thunfisch und die Anchovisfilets, von denen das Öl vorher mit Küchenkrepp abgetupft wurde. Mit der Vinaigrette übergießen, möglichst wenig mischen, servieren. Die benötigten Quantitäten ergeben sich aus der Zahl der Esser. Pro Person rechne ich mit 1½ bis 2 Eiern, 4–6 Anchovis, 1 EL Thunfisch, 2 EL Oliven und 2 bis 3 Tomaten. Das ergibt eine herzhafte, sommerliche Mahlzeit, zu der weißes Brot und ein gut gekühlter, einfacher, nicht fruchtiger Weißwein passen wie die Nelke ins Knopfloch.

PS: Was den Salat angeht, das heißt die grüne Pflanze, die nach unserem Sprachverständnis die Hauptrolle bei diesem Salat *niçoise* und anderen Salaten spielt, die aber hier nur die Vermittlerin ist zwischen den verschiedenen, dominierenden Ingredienzen, so handelt es sich dabei um den guten, alten deutschen Kopfsalat. So klein ist (manchmal) die kulinarische Welt.

Gemüse – no,
Kutteln – oui!

Gemüse – no,
Kutteln – oui!

An dieser Stelle wäre jetzt ein Kapitel über die Gemüse des Südens fällig. Im Großen und Ganzen sind das die gleichen Gemüse wie das Grünzeug, das auch in unseren Breitengraden von Kleingärtnern gegen die Schnecken verteidigt wird. Typisch mediterran sind lediglich die Zucchini und die Aubergine. Von der ersten Sorte gibt es viele Varianten, runde und längliche, kleine und große und, für das Leckermaul besonders interessant, Zucchinis mit ihrer Blüte. Nur: bei uns beschränkt sich das Angebot auf eine Din A 4 Zucchini, die nicht nur in holländischen Treibhäusern, sondern sogar in deutschen Gärten groß und stark wird. Und die ist ein vergleichsweise unergiebiges Gemüse. Eigengeschmack haben solche Zucchinis so gut wie keinen, und die Anstrengung, der es bedarf, um aus ihnen eine Delikatesse zu machen, ist bei unserem Lauch oder beim Wirsing besser investiert. Bei der glatten und glänzenden Aubergine ist die Sache noch hoffnungsloser; ich halte sie schlicht für langweilig. Der aus diesen beiden Produkten sowie aus Tomaten und Zwiebeln hergestellte Gemüse-Mischmasch namens Ratatouille ist ein Beispiel dafür, daß Regionalküche nicht a priori verborgene Qualitäten hat. Fenchel ist mehr ein Gewürz als ein Gemüse, und Artischocken schließlich können ganz delikat sein. Dann aber muß mit ihnen ein großer Aufwand getrieben werden. Deshalb finde ich wirklich lohnende Artischockengerichte nur in Spitzenrestaurants; daher verzichte ich darauf, selber an den Artischocken herumzubasteln.

Also kein Gemüse. Statt dessen halte ich den Zeitpunkt für gekommen, meinen Lesern ein Produkt schmackhaft zu machen, dem die meisten Deutschen sogar den Bocksfuß des Teufels vorziehen würden, sofern Senf auf dem Tisch steht. Ich meine Kutteln. Kutteln sind Kaldaunen, Gekröse, fast immer vom Kalb oder Rind. Die anatomische Zuordnung genügt meistens schon, um angewiderte Grimassen auch bei Leuten zu provozieren, die nichts dabei finden, sich und die Ihren in einer Autobahnraststätte in gastronomische Krisen zu stürzen. Vorurteile, nichts als Vorurteile ...

Zunächst einmal: Den tatsächlich unangenehmen Teil, das Säubern, Waschen und stundenlange Vorkochen der Kutteln, erledigt heute der Metzger. Anders als vorgekocht kommen Kutteln meines Wissens überhaupt nicht mehr in den Handel. Außerdem sind sie gebleicht; was richtige Kuttelfreunde sogar bedauern. Denn dadurch haben Kutteln praktisch keinen Eigengeschmack, und schon gar keinen, der auch nur im entferntesten an ihre Herkunft erinnerte. Wenn sie an etwas erinnern, dann an Pilze oder zerfieseltes Hühnerfleisch; zumindest sehen sie so aus, wenn sie gekocht sind. Der große Vorzug der Kutteln (abgesehen davon, daß sie spottbillig sind) ist ihre Fähigkeit, herrliche Saucen wie von selbst zu produzieren. Eine große Menge Sauce außerdem, was wiederum die Kartoffelfreunde glücklich macht, da die Kombination von Kutteln und Salzkartoffeln ein Genuß ist, wie ihn die Kartoffel im Verein mit nur wenigen anderen Zutaten vermittelt.

Kutteln sind bei uns, wenn überhaupt, eine süddeutsche Spezialität und werden dort überwiegend auf dubiose Weise zubereitet. (Mit Zwiebeln, mit Kümmel, sauer und ordinär.) Die bayerischen und schwäbischen Gasthauskutteln sind tatsächlich nicht geeignet, mißtrauische Esser von der Köstlichkeit dieser verleumdeten Streifen zu überzeugen. Die provençalische Version kann dagegen eine Offenbarung sein. Südfrankreichreisende, deren Erfahrung mit der dortigen Version auch nicht überwältigend war, können versichert sein, daß mein Rezept zu einem besseren Ergebnis führt. Der erste Arbeitsgang ist bei allen Rezepten gleich: pro Person 250 g Kutteln beim Metzger kaufen. Die sollten in schmale Streifen geschnitten sein, nicht in Quadrate. Erfahrungsgemäß sind aber auch die Streifen nicht fein genug. Damit dieses Gericht vollends der Primitivität entrissen wird, ist die Größe der Streifen wichtig. Nur ein bißchen zu breit oder zu lang, also zu grob, und das Resultat wird selber grob sein. Es ist ein Unterschied wie zwischen einer daumendicken Scheibe Brot und einer sehr dünnen: bei gleichem Belag zwei völlig verschiedene Dinge. Es wird also nötig sein, einen großen Teil der Kuttelstreifen in noch feinere Streifen zu schneiden, als das der Metzger bereits getan hat. Eine zusätzliche, aber nicht sonderlich schwierige Arbeit, für die lediglich ein gutes Kochmesser nötig ist. 4 bis 5 cm lang und ½ cm breit, das ist das ideale Maß für die hellen Streifen. Da Kutteln – ob à la niçoise oder à la mode de Caen – zur Primitivküche gehören, hat sich niemand die Mühe gemacht, nach Möglichkeiten der Verfeinerung zu suchen. Ich schmeichele mir, meine Kutteln zu einem Leckerbissen zu verarbeiten, von dem auch Neulinge zu ihrer eigenen Überraschung mehr hinunterschlingen, als es die Schicklichkeit erlaubt. Gottlob sind tripes à la niçoise auch ein leichtes Essen, und so kann nichts passieren. Schlimmstenfalls wird sich herausstellen, daß es statt 500 Gramm für 2 Personen besser 600 Gramm gewesen wären. (Übriggebliebene Kutteln lassen sich am nächsten Tag wunderbar aufwärmen!)

Tripes à la niçoise

Die Kuttelstreifen werden in einer großen, flachen Kasserolle oder Pfanne in Olivenöl leicht angebraten. Braun werden sie dabei nicht (sollen sie auch nicht), denn sie enthalten viel Wasser, und so wird aus dem Braten eher ein Dünsten: die Kutteln verhalten sich in der Pfanne wie Champigons. Dies ist der Zeitpunkt des ersten Würzens. Also Salz und Pfeffer. Wegen ihrer geschmacklichen Blässe vertragen Kutteln eine kräftige Würzung, und in diesem Rezept bedeutet das: Pfeffer. Weiße und schwarze Pfefferkörner, im Mörser frisch zerstoßen – also nicht feingemahlen aus der Mühle – und für 500 Gramm Kutteln ein gehäufter Teelöffel davon, das ist nicht wenig, aber nötig. Die tripes bekommen dadurch eine schöne Schärfe, die Ihnen vielleicht den Schweiß auf die Nase treibt. Da es sich aber nicht um Chilipfeffer handelt, ist es eine weniger aggressive Schärfe und darüberhinaus aromatisch.

1 Tomate, so groß wie ein Tennisball (oder entsprechend mehrere kleine) enthäuten, vierteln und entkernen, so daß nur das dicke Tomatenfleisch übrig bleibt; dieses in briefmarkengroße Stücke schneiden. Davon halte ich 2 EL zurück, alles andere kommt in die Kasserolle zu den Kutteln. Pro Portion entkerne ich nun 4 grüne Oliven und schneide sie in 4 bis 6 Stücke. Zusammen mit 3 Stengeln Thymian und 3 zerhackten Knoblauchzehen gebe ich sie ebenfalls in die Kasserolle. Dann gieße ich mit Weißwein soweit auf, daß die Kutteln fast bedeckt sind. Der Wein soll eine betonte Säure haben, eventuell helfe ich mit Zitronensaft nach, das ist eine Frage des Fingerspitzengefühls. Deckel drauf und bei sehr kleiner Flamme ungefähr 1½ Stunden simmern lassen.

In der Zwischenzeit koche ich Kartoffeln von der festkochenden Sorte, auf keinen Fall mehlige. In der Kasserolle verändert sich derweil nicht viel. Die Kutteln köcheln in ihrer suppigen Sauce still vor sich hin, nur die Tomatenstücke lösen sich in Wohlgefallen auf. Eine Viertelstunde vor Ende der Garzeit gebe ich das aufgesparte Tomatenfleisch hinzu. Wahrscheinlich lasse ich jetzt ohne Deckel weiterkochen, oder ich schütte noch ein kleines Glas Wein an, das hängt von der Menge der Sauce ab. Diese soll am Schluß noch ziemlich suppig sein, keineswegs stark eingedickt. Trotzdem wird sie kräftig schmecken, und nicht nur nach Pfeffer. Ich fische die Thymianstengel heraus und gieße vom allerbesten Olivenöl einen guten Schuß in die heißen Kutteln, rühre durch und serviere. Dazu die Salzkartoffeln. Allein der Anblick ist mundwässernd: Die hellen Kuttelstreifen, die grünen Oliven und die roten Tomatenstücke, vereint in der leicht rosa Sauce – der Moment ist gekommen, da auch der empfindlichste Kaldaunengegner bekehrt wird. Als Wein dazu empfehle ich einen kräftigen, jedoch nicht fruchtigen Weißwein, also weiße Burgunder aus möglichst kleinen Jahren (wegen der größeren Säure) oder auch Schweizer Weißwein.

Das Wunderbare an Kutteln ist ihre Variationsfähigkeit. So hat bereits das nächste Rezept nichts mehr mit der mediterranen Küche zu tun, aber wieder wird das Resultat eine Überraschung sein für alle, denen Innereien bisher verdächtig waren:

Kutteln mit Morcheln

Die Kutteln vorbereiten und anbraten wie eingangs beschrieben. Diesmal bemühe ich mich um eine fast entgegengesetzte Geschmacksrichtung: Butter und Sahne statt Öl und anstelle bunter Einlagen nur Morcheln und Kartoffeln. Getrocknete Morcheln natürlich, die ebenso delikaten wie teuren Edelpilze. Und Spitzmorcheln müssen es sein, keine Rundmorcheln, die sind längst nicht so gut. Mindestens 1 EL Morcheln pro Person einige Stunden in Wasser einweichen, herausfischen und unter fließendem Wasser mehrmals gründlich waschen: Morcheln können sehr sandig sein! In einer Kasserolle in Butter anschwitzen, mit einem Glas Portwein und etwas Zitrone ablöschen, salzen. Von dem Einweichwasser, ohne es aufzurühren (Achtung, Sand!) soviel auf die Morcheln gießen, daß sie gerade bedeckt sind. Zugedeckt ½ Stunde leise köcheln lassen. Zum Schluß ohne Deckel einkochen lassen, bis nur noch die feuchten Morcheln in der Kasserolle sind. Morcheln lasse ich nie in einer fremden Sauce oder in Suppen mitkochen. Sie geben zwar ihr wunderbares Aroma an die Umgebung ab, schmecken dann selber aber nach nichts mehr. Also immer separat im eigenen Wasser zubereiten und erst zum Schluß an die Sauce (oder in die Suppe) geben. Soweit bin ich aber noch nicht. Zunächst gieße ich die Kutteln, sobald sie angeschwitzt sind, mit Wein auf. Es gibt einen eigenartigen, strengen Weißwein aus dem französischen Jura, ›Château Chalon‹, der wäre hier ideal. Aber er ist bei uns kaum zu haben und sehr teuer. Ein *vin jaune* aus der gleichen Region geht auch. Oder aber, und so mache ich es meistens, ich mische trockenen Sherry mit trockenem Weißwein im Verhältnis 1:2. Das ersetzt den *vin jaune* zwar nicht, kommt ihm aber sehr nahe. In dieser Flüssigkeit werden die Kutteln gar gekocht. Also fast bedeckt und bei geschlossenem Deckel. Wieder würze ich mit Salz und Pfeffer, mit letzterem allerdings viel zurückhaltender als bei der provençalischen Version. Wegen der fehlenden Tomaten brauche ich jetzt zusätzlich noch Zitronensaft; bei 2 Portionen ist eine halbe Zitrone kaum ausreichend, doch das entscheide ich beim Abschmecken – also jetzt, dann noch einmal nach halber Kochzeit, und zum Schluß. Inzwischen schäle ich Kartoffeln von unbedingt festkochender Sorte, halbiere sie und schneide sie in kleine Würfel, nicht einmal so groß wie Würfelzucker. Ungefähr 15 Minuten vor Ende der Kochzeit gebe ich pro Portion 2 bis 3 EL von diesen Kartoffelwürfeln zu den Kutteln sowie ⅛ l Sahne (ebenfalls pro Portion). Die Kartoffelwürfel garen jetzt in der Mischung aus Wein und Sahne. Ich achte darauf, daß sie salzig genug ist, denn bekanntlich schlucken rohe Kartoffeln viel Salz. Sorgfältiges Abschmecken ist hier noch wichtiger als bei den südfranzösischen Kutteln, denn hier sind die Aromen vergleichsweise sanft. Bei der letzten Phase des Kochens drehe ich die Flamme größer und lasse den Kochsud ohne Deckel etwas reduzieren, korrigiere mit Sahne, Sherry und Zitronensaft noch einmal Geschmack und Konsistenz der Sauce. Sie soll sahnig sein, aber nicht dick. Zu berücksichtigen habe ich, daß die feuchten Morcheln, die ich erst kurz vor dem Servieren in den Kutteltopf gebe, die Sauce etwas verdünnen werden.

Ah, was ist aus diesen übel beleumdeten Kaldaunen für ein delikater Eintopf geworden! Wer da immer noch zögert, dem ist nicht zu helfen. Wir anderen aber danken der Schöpfung, weil sie dafür gesorgt hat, daß ein Rind nicht nur aus langweiligen Rumpsteaks besteht.

Der
süße Duft
des Knofels

Der
süße Duft
des Knofels

Die Rolle des Knoblauchs in der provençalischen Küche wird häufig überschätzt. Er ist zwar
vorhanden, wird aber meistens als Gewürz verwendet,
daß heißt, eine oder zwei Zehen werden mitgekocht
oder mitgeschmort. Das nenne ich noch keine Knob-
lauch-Küche; so kochen auch bei uns viele, die nach
Möglichkeiten jenseits der Knorr- und Maggitüten suchen. Wenn hingegen der schwere, süßliche Geruch des
Knoblauchs durch die Straßen zieht, befinden wir uns
wahrscheinlich auf dem Balkan. Abgesehen von den
Knoblauchmayonnaisen zur Fischsuppe und zu kaltem
Fleisch ist ein exzessiver Verbrauch von Knoblauch in
der Provence nicht üblich. Ausnahmen wie der Knoblauchbrei in den Basilikumnudeln von ›La Merenda‹ in
Nizza sind nicht bezeichnend für die Landschaft, sondern für den Koch.
Dies vorweg; denn beim folgenden Rezept werden
große Mengen der duftenden Knollen verbraucht. Aber

es ist weder provençalisch, noch stammt es vom Balkan. Ich habe es in den USA kennengelernt. Weil aber wieder Olivenöl eine große Rolle dabei spielt, weil der Thymian wieder vertreten ist und Parmesan gebraucht wird, vor allem aber, weil ich es für ein originelles Rezept halte, das sich in einem mediterranen Menü gut macht, habe ich das Knoblauchsoufflé hier für den Süden adoptiert. Es ist ein warmes Vor- oder Zwischengericht von delikater Derbheit, im übrigen aber fast identisch mit einem Käsesoufflé. Was den gefürchteten Knoblauchduft angeht, so macht er sich hier nur mäßig bemerkbar, weil die Zehen nur gekocht verarbeitet werden. Durch das Kochen aber wird Knoblauch weitgehend entschärft. Ich will nicht behaupten, daß Sie dieses Soufflé unbedingt vor einem Besuch beim Zahnarzt essen sollten; aber in einer Straßenbahn in Sarajewo würde sich niemand nach Ihnen umdrehen.

Die Zubereitung besteht aus drei Arbeitsgängen, von denen zwei im voraus erledigt werden können. Zunächst das Püree: Zwei dicke Knoblauchzwiebeln in ihre Einzelteile zerlegen. (Wenn Sie jedoch Aufsehen erregen wollen, sowohl bei Ihren Gästen als auch bei den Menschen, mit denen Sie am nächsten Tag eine Verabredung haben, dann nehmen Sie in Draculas Namen drei Zwiebeln. Dem Soufflé schadet's nicht.) Vom Knoblauch nur die offensichtlich harten Schalen entfernen, Enthäuten der einzelnen Zehen ist nicht nötig. Nun ist Knoblauch nicht zu allen Zeiten von gleicher Qualität (siehe Seite 39), und angesichts ihrer unvorteilhaften Alterserscheinungen im Frühjahr rate ich, die duftenden Knollen nur vom Frühsommer bis in den Winter zu verarbeiten, nur dann ist Knoblauch in ausreichender Frische zu haben. Die freigelegten Zehen lege ich nebeneinander in eine entsprechend große Kasserolle und begieße sie mit einer Mischung aus Olivenöl und Wasser im Verhältnis 1 : 1, bis sie gerade bedeckt sind. Ich würde mit 2 Stengeln frischen Thymian (oder 1 TL getrocknetem) und 2 Lorbeerblättern. Deckel drauf und zirka 1 Stunde köcheln lassen. Sehr frischer Knoblauch wird noch früher weich. Die Zehen durch ein Sieb abgießen, abtropfen lassen. Die durchgesiebte Flüssigkeit benötige ich nicht. Ich werde sie später verwenden, für Gemüse, Fischsaucen usw. Aber ein darin eingetunktes Stück Brot ist auch schon eine Delikatesse! Nachdem ich die Lorbeerblätter und Thymianzweige aus dem Sieb gefischt habe, passiere ich den Knoblauch mit einem Mörserstößel oder einer Suppenkelle durch das Sieb in ein kleines Gefäß. Das geht mühelos und sollte 3 bis 4 EL einer leicht grünlichen Knoblauchpaste ergeben. Denkbar ist ein unergiebiger Knoblauch (zu kleine Zehen, zu trocken), der nicht genügend Paste ergibt, und dabei ist wiederum vorstellbar, daß eine oder zwei durchgepreßte, rohe Knoblauchzehen den geschmacklichen Ausgleich schaffen. Aber es wird ein Unterschied sein, eine Abweichung vom beabsichtigten Resultat. Und da bedarf es dann nur einer oder zwei weiteren, eigentlich geringfügigen Abweichungen von der Norm (wie sie beim Kochen immer vorkommen), und Ihr Soufflé und mein Soufflé ähneln sich nur noch äußerlich. Ich gebe dies deshalb so ausführlich zu bedenken, weil es nicht nur dieses Rezept betrifft, sondern überhaupt eine häufige Ursache für viele unerklärliche Abweichungen und Mißerfolge beim Kochen ist.

Auch den zweiten Arbeitsgang kann ich vorbereiten; ich mache eine Bechamel-Sauce. Bei Soufflés mit schwerer und feuchter Basis wie hier, ist eine Bechamel unvermeidlich. Die Eier allein würden dem Soufflé nicht genügend Festigkeit geben. Meine Version der Bechamel (es gibt unzählige) ist bewußt zurückhaltend aromatisiert: 2 EL Mehl, 1 EL Butter, 1 Schalotte, ¼ l Sahne, 3 Knoblauchzehen. Die Butter wird in einer Pfanne oder flachen Kasserolle erhitzt, das Mehl dazugegeben und eingerührt. Diesen Vorgang möchte ich nicht unkommentiert lassen, denn so beginnt die klassische Einbrenne, die in der Küche von gestern eine so unrühmliche Rolle spielte, daß das Entstehen der modernen, leichten Küche unvermeidlich wurde. In 99 von 100 Fällen ist die Einbrenne überflüssig!

Das Mehl in der Butter schäumend köcheln lassen; dabei rühren. Die Sahne aufkochen; die Einbrenne vom Feuer nehmen und die heiße Sahne unter ständigem Rühren langsam in die Mehlbutter gießen. Das sollte eigentlich keine Probleme machen. Dennoch kann es passieren, daß sich dabei kleine Klümpchen bilden. Kümmern Sie sich nicht darum; die Bechamel wird hinterher sowieso durchgesiebt. Denn nun wird sie gewürzt, und zwar wieder einmal Thymian (2 Zweige oder 1 TL), 1 geviertelte Schalotte und die 3 Knoblauchzehen. Die Kasserolle zudecken und auf sehr kleiner Flamme 1 Stunde kochen lassen. Von Zeit zu Zeit nachsehen und rühren, damit nichts anbrennt. Bechamel-Saucen müssen immer sehr lange gekocht werden, damit der Mehlgeschmack verschwindet und die jeweilige Würzung ihr Aroma an die Sauce abgeben kann. Sollte die Sauce in der Kasserolle zu dick werden, können Sie zusätzlich noch Sahne angießen. Die fertige Bechamel soll eine dickliche, fast breiige Konsistenz und ungefähr 50 Prozent mehr Volumen haben als die Knoblauchpaste.

Für das Soufflé brauche ich 5 Eier, gelb und weiß getrennt, 100 g frisch geriebenen Parmesan und soviel geriebenen Gruyère, daß ich damit das Soufflé bestreuen kann, also wenig.

Die Eigelb verrühre ich mit der Knoblauchpaste, dem Parmesan und der Bechamel. Jetzt muß ich abschmekken. Dazu brauche ich Salz und Cayennepfeffer, alle anderen Aromen sollten bereits deutlich vorhanden sein. Sodann wird das Eiweiß sehr steif geschlagen. Ich mache das grundsätzlich mit der Hand; auf diese Weise wird Eierschnee einfach lockerer und gleichzeitig stabiler als mit dem elektrischen Rührgerät. Vorher habe ich bereits eine Souffléform gut ausgebuttert und den Ofen vorgeheizt (250 Grad). Den Eierschnee ziehe ich jetzt mit einem Spachtel unter die Soufflémasse, und zwar sehr vorsichtig! Also nicht drauflos rühren wie bei einem Kuchen. Es darf ruhig so aussehen, als wären Eierschnee und Brei nicht gründlich genug vermischt. Damit fülle ich die Souffléform bis zu ¾ ihrer Höhe, bestreue mit dem Gruyère und setze sie in die Mitte des Backofens. Nach ungefähr 20 Minuten wird mein Soufflé fertig sein. Da es sich hier nicht um ein sensibles süßes Soufflé handelt, sondern um eines mit einer kräftigen Struktur (Käse, Bechamel), wird es nicht sehr aufgehen, aber auch nicht so leicht zusammenfallen. Also ein unproblematisches Gericht. Der Gruyère ist geschmolzen (was Parmesan nie tut, der wird nur hart und bitter, wenn man ihn überbackt) und goldgelb geworden. Innen ist das Soufflé hoffentlich noch etwas feucht. Die hier beschriebene Menge reicht nur für 3 bis 5 Personen, weil es trotz Knoblauch und trotz Bechamel ein leichtes Vorgericht ist. Doch wenn Sie beim ersten Löffel denken, da sei ja viel zu wenig Knoblauch drin, dann urteilen Sie vorschnell. Irgendwann während des Essens werden Sie Ihr Urteil revidieren. Ein leichter fruchtiger Rotwein (St-Emilion 1978, Burgund 1979) paßt ebenso dazu wie ein schwerer, trockener Weißwein (Meursault, Corton-Charlemagne, Ruländer, Tokay d'Alsace).

Erstaunlicherweise gibt es wenige Gerichte, bei denen das Knoblauchpüree, wie es hier für das Soufflé gebraucht wurde, verwendet wird. Dabei ist es leicht herzustellen und aromatisch, ohne penetrant zu sein. Ich kann es mir gut auf einer Pizza vorstellen, in einem Blätterteiggebäck oder in einer Fleischfarce im Gemüsemantel verarbeitet. Knoblauch*suppen* existieren dagegen nicht nur in südlichen Küchen. Dort, wo Knoblauch überhaupt angepflanzt wurde und die Leute arm waren, gehörte die Knoblauchsuppe in zahlreichen Variationen zur Arme-Leute-Küche: Knoblauch, Wasser, Röstbrot und sonst nichts. Im Südwesten Frankreichs waren die Bauern vielleicht nicht ganz so arm, denn von dort stammt die folgende, angereicherte Version der Knoblauchsuppe.

Vom Knoblauch brauche ich für 6 Personen diesmal nur 8 dicke oder 10 mittelgroße Zehen. Ich setze sie mit 1 l Wasser auf, welches ich in der bekannten Weise würze: 2 Stengel Thymian (oder 1 TL getrockneter Thymian), 1 Lorbeerblatt, Salz, schwarzer Pfeffer und zusätzlich noch das Weiße einer dünnen Stange Lauch. Kochen lassen bis der Knoblauch ganz weich ist, also

maximal 1 Stunde. Durch ein Sieb abgießen, das Kochwasser aufheben. Gemüse und Kräuter wegwerfen und
die Zehen ins Kochwasser zurück durchpassieren. Abschmecken. Dabei muß ich vorausdenken; denn als
wichtige Zutaten kommen noch eine Mayonnaise und
Crème fraîche in die Suppe. Also würze ich sie so, daß
sie auch nach dieser Anreicherung noch Geschmack hat
und nicht nur mit unverbindlicher Milde langweilt! Für
die Mayonnaise brauche ich 5 Eigelb. Sie sollten zim-
merwarm sein, also nicht aus dem Kühlschrank kommen. Mayonnaisen sind da sehr empfindlich. Die Eigelb
verrühren und salzen und pfeffern. 2 bis 3 TL Zitronensaft unterziehen und dann, tropfenweise und ununter-
brochen rührend, 5 EL Olivenöl einmontieren. Es ent-
steht eine schöne, dicke Mayonnaise. Praktischerweise
rühre ich sie gleich in der Suppenschüssel. Denn nun
wird die heiße – oder erneut erhitzte – Knoblauchbrühe
auf die Mayonnaise gegossen, und in diese Mischung
rühre ich noch 100 bis 125 g Crème fraîche. Jetzt schnell
noch einmal abschmecken. Wahrscheinlich haben
Mayonnaise und Crème dafür gesorgt, daß die Suppe
trotz betonten Würzens nicht kräftig genug schmeckt.
Das kann ich mit Salz, Pfeffer und auch mit Zitronensaft
beheben. Was den Knoblauchgeschmack angeht, so
werden Sie wieder, wie beim Soufflé, feststellen, daß er
keineswegs vorherrscht, sondern eher im Hintergrund
lauert. Oh, er wird sich schon bemerkbar machen,
keine Angst! Nur eben nicht penetrant, nicht überfall-
artig, sondern unauffällig, aber nachhaltig. Und weil er
nicht unterschätzt werden sollte, und weil die Suppe ja
kein dünnes Süppchen, sondern durch Eigelb, Öl und
Crème fraîche zu einem eindrucksvollen Sattmacher

geworden ist, rate ich dringend zu kleinen Portionen. Deshalb reicht meine Knoblauchsuppe auch für 6 Esser, kleine Suppentassen und ein nachfolgendes Hauptgericht vorausgesetzt.

Man kann die sahnige Crèmesuppe so essen, wie sie jetzt ist. Ich stelle aber noch in Butter geröstete Weißbrotwürfel auf den Tisch, die mag ich gern in der Suppe. Dagegen halte ich feingehackte Petersilie, die naheliegende Dekoration, für wirkungslos und daher überflüssig. Muß die Knoblauchsuppe jedoch als Hauptgericht herhalten, bedarf sie einer zusätzlichen Einlage. Am besten eignen sich dazu Kartoffeln: Festkochende Kartoffeln schälen, in kleine Würfel schneiden und separat in Salzwasser kochen. Abgießen und heiß in die Knoblauchsuppe geben. Eine andere, reizvolle Kombination bilden geräucherte Fische in der Suppe. Und zwar Schellfisch oder Räucheraal, in kleine Stücke geschnitten und ebenfalls erst in letzter Minute dazugeben. In diesem Fall empfiehlt es sich, die Suppe vorher etwas vorsichtiger zu salzen. Neugierige Amateurköche werden erkennen, daß diese Knoblauchsuppe noch viele andere Variationsmöglichkeiten bietet. Sie ist robust genug, um sich nicht unterkriegen zu lassen, und besitzt jene Deftigkeit, der es nicht schadet, wenn sie mit anderen, noch stärkeren Elementen gekoppelt wird. Ein Grundprinzip sollten Sie beim Experimentieren allerdings beachten: zusätzliche Einlagen, ob Fisch oder Fleisch oder Gemüse, immer separat kochen oder braten und erst am Schluß in die Knoblauchsuppe geben. Andernfalls schmeckt alles gleich – nach dem süßen, penetranten und so gesunden Knofel.

Je länger je lieber:
Osso Buco

Je länger je lieber:
Osso Buco

In München gehört sie ebenso zur Regionalküche wie in Paris, die Kalbshaxe, aber nur die italienische Variante wurde weltberühmt: Osso Buco. Das Kalb hat vier Beine, zwei vorne und zwei hinten, und aus allen vieren wird Osso Buco zubereitet. Wie aber beim Kaninchen und beim Lamm ein Unterschied besteht zwischen Vorder- und Hinterbein, so auch beim Kalb. Er ist nicht sehr groß, und sichtbar schon gar nicht. Der unterste Teil des Beins, in Österreich auch Stelze genannt, ist ein Mittelknochen mit etwas Fleisch drum herum, vorne wie hinten. Dennoch versichern Experten, daß die Hinterhaxe einen besseren Braten abgebe als die vordere. Ob's stimmt? Wir Konsumenten haben praktisch keine Wahl. Denn um Osso Buco zu machen, braucht man nicht die Stelze am Stück, sondern in Scheiben gesägt, 4 cm dick. So werden sie von den Metzgern auch vorbereitet und ausgelegt. Die einzelnen Beinscheiben als Vorder- oder Hinterbein zu

identifizieren, erscheint mir unmöglich. Sei's drum.
Vielleicht ist dies der Grund, warum das Fleisch manchmal zart und saftig, manchmal hart und zäh ist, vielleicht. Ich meine eher, es machen sich in solchen Fällen
wieder einmal die beiden Gründe bemerkbar, die das
Kalb so in Verruf gebracht haben. Einmal die Fütte-
rungsmethoden, die um so fragwürdiger sind, je mehr
die pharmazeutische Industrie dabei beteiligt ist; zum
anderen der Dilettantismus der Köche. Aus dem Kalb
wird einmal ein Rind, das ist richtig. Es ist aber falsch,
daraus den Schluß zu ziehen, Kalbfleisch könne genau
so behandelt werden wie Rindfleisch. Neben allen anderen Gefahren, die ihm im Kochtopf drohen, ist es vor
allem zu große Hitze, die Kalbfleisch so unerfreulich
macht. Viele Köche glauben, durch stärkere Hitze die
Garzeit verkürzen zu können – ein folgenschwerer
Irrtum, von dem nur die Zahnstocherfabrikanten profi-
tieren.
Was das Osso Buco von einem ähnlichen Gericht unserer nördlichen Küche unterscheidet, ist, wie könnte es
anders sein, das Olivenöl. Und wird erst einmal mit
Olivenöl gekocht, dürfen die Tomaten nicht fehlen,
und diese ergeben wiederum zwangsläufig die Verwendung von Thymian – kurzum, das Aroma des Südens
kann sich auch in unseren Küchen wunderbar entfalten.
Nun gibt es in Italien unzählige Versionen des Osso
Buco, manche davon haben nichts mit Öl und südlicher
Sonne zu tun und schmecken dennoch sehr gut. Ich
behaupte auch keineswegs, daß meine Version das Nonplusultra an Osso Buco sei. Vielleicht ist ihre Zubereitung einfacher als andere, im Sinne von risikolos. Weniger Arbeit macht sie nicht. Doch auch die Arbeit ist

erträglich. Was man braucht, ist Zeit und Geduld. Denn im Gegensatz zu den üblichen Angaben in den Kochbüchern, braucht mein Osso Buco 4½ Stunden um weich zu werden. An Zutaten benötige ich (für 5 Personen): 1500 g Beinscheiben von der Kalbshaxe, 3 oder 4 Tomaten, 20 Schalotten, 2 Karotten, 20 schwarze Oliven, 1 dicke Stange Lauch, 6 Zehen Knoblauch, 6 Sardellenfilets (Anchovis), Thymian, Rosmarin, schwarzer Pfeffer, Weißwein.

Zuerst bereite ich das Gemüse vor. Die Tomaten werden ganz kurz in kochendes Wasser gelegt, dann ziehe ich ihnen die Haut ab und schneide sie je nach ihrer Größe in 4 oder 8 Stücke. Kleine feste Tomaten sind besser als große, wässerige. Die Karotten werden geschält und in dünne Scheiben geschnitten, Schalotten und Knoblauch nur geschält. Die Sardellenfilets – so groß wie kleine Finger – wasche ich unter fließendem Wasser. Vom Thymian brauche ich viel, nämlich 5 oder 6 Zweige, vom Rosmarin 2. Die Oliven sollen nicht entkernt sein und einen kräftigen Geschmack haben; bei den offen zu kaufenden hapert es da meistens.

Nun nehme ich einen ovalen Bräter, in dem ich auch anbraten kann, und erhitze darin eine gute Portion Olivenöl. Er muß so groß sein, daß alle Beinscheiben nebeneinander Platz haben. Müssen sie, weil der Schmortopf zu klein ist, übereinander liegen, bringt das eine Menge Probleme: Der Schmorsaft erreicht das Fleisch nicht von allen Seiten, einige Stücke liegen in der Flüssigkeit, andere nicht, unten ist es heißer als oben, und was dergleichen Kleinigkeiten mehr sind, die sich am Ende zu einer Wirkung summieren, welche mein Osso Buco negativ beeinflußt. Also ein großer Bräter, und deshalb auch im Backofen und nicht auf dem Herd.

Die Beinscheiben werden sorgfältig abgewischt (es könnten noch Knochensplitter dran sein!), kräftig gesalzen und in das heiße Öl gelegt. Heiß bedeutet hier nicht rauchend heiß. Das Fleisch soll zwar braun werden, aber nicht schlagartig; 10 bis 15 Minuten wird das dauern. Und nicht nur das Fleisch soll braun werden, es soll sich am Boden des Bräters auch ein Karamel bilden, ein Bratensatz, der wiederum nicht zu dunkel geraten darf, weil er dann bitter wird. Diesen Prozeß steuere ich durch die Menge des Öls und den Grad der Hitze, und durch ständige Kontrolle. Ein Kunststück ist das Anbraten dennoch nicht, nur eine wichtige Phase des Schmorens, deshalb widme ich ihr meine besondere Aufmerksamkeit. Also nicht so heiß, daß das Fleisch verbrennt, aber nicht so lau, daß es Wasser zieht. Zeitweilig stelle ich die Beinscheiben hochkant (wobei ich sie mit zwei Gabeln stütze), damit sie auch an den Seiten Farbe annehmen. Wenn schließlich eine gleichmäßige, hellbraune Schicht von karamelisiertem Eiweiß und Fleischsaft am Boden des Bräters haftet, dann ist das der erste Schritt zu einer guten Sauce.

Nun eignet sich nicht jeder Schmortopf zum Anbraten. Der Boden ist selten plan geschliffen, liegt also nicht richtig auf. Auch die kleinen Elektroplatten erweisen sich als hinderlich. In einem solchen Fall kann man auch in einer Pfanne anbraten. Die darf natürlich keinen Teflon-Belag haben (›setzt garantiert nicht an‹). Auch wird sie nicht groß genug sein, um alle Beinscheiben auf einmal aufzunehmen. Also muß in zwei Schichten angebraten werden. Das ist ein bißchen Mehrarbeit (zweimaliges Ablöschen wird nicht zu umgehen sein), aber im Effekt nicht anders, als wenn Fleisch und Gemüse im Bräter angebraten würden.

Also zum Gemüse. Wenn das Fleisch angebraten ist, nehme ich es heraus und lege es beiseite. In den Bräter gebe ich etwas neues Öl und alle vorbereiteten Gemüse. Wahrscheinlich genügt die Feuchtigkeit der Tomaten, um den Bratensatz vom Boden zu lösen, andernfalls gieße ich etwas Wein an und schabe mit dem Holzlöffel los, was vom Anbraten am Boden haftet. Jetzt gebe ich auch Kräuter und Sardellen dazu, die Oliven, und pfeffere. Das alles lasse ich mehrere Minuten dünsten, ohne daß es braun wird. Von Zeit zu Zeit gieße ich etwas Wein nach, lasse ihn aber immer wieder einkochen. Schließlich lege ich die Beinscheiben auf die Gemüse und gieße soviel Wein in den Topf, daß das Fleisch zur Hälfte damit bedeckt ist. Einmal aufkochen lassen, abschmecken, wahrscheinlich nachsalzen, Deckel drauf und auf den Boden des Backofens damit. Den habe ich auf 120 Grad vorgeheizt, heißer soll er auf keinen Fall sein. Wenn ich von Zeit zu Zeit nachsehe, um zu probieren, ob nachgewürzt werden muß, zeigt mir nur der heiße Dampf, daß die Hitze groß genug zum Garen ist; der Saft jedenfalls soll nicht sichtbar kochen. Irgendwann auf halber Strecke füge ich einen daumengroßen Streifen ungespritzte Zitronenschale hinzu. Wenn ich wollte, könnte ich jetzt ins Kino gehen. Denn bei dieser vorsichtigen Garmethode kann nichts passieren. Im Gegenteil: Wenn ich nach viereinhalb Stunden meinen Topf aus dem Ofen hole und den Deckel öffne, registriere ich mit Befriedigung, daß weder die Tomatenstücke noch die Schalotten zerkocht sind! Vorsichtig hebe ich die Beinscheiben aus dem Topf, dann fische ich die Thymian- und Rosmarinzweige heraus und werfe sie weg. Das Fleisch ist nun so weich, daß es auseinanderzufallen droht, aber keineswegs ausgetrocknet, sondern wunderbar saftig. Sollte es trotzdem faserig sein, dann liegt das allein am Rohprodukt, dann muß ich den Metzger wechseln.

Die Flüssigkeit im Bräter gieße ich in eine große Kasserolle und setze sie auf den Herd. Sauce kann man sie noch nicht nennen, aber nur deshalb nicht, weil es viel zuviel Flüssigkeit und die sehr dünn ist. Der Geschmack hingegen – man möchte sie mit dem Löffel essen, so frisch und aromatisch schmeckt das!

Trotzdem lasse ich die Sauce jetzt ein wenig einkochen, aber nur wenig, mitsamt der immer noch intakten Gemüsestücke und der Oliven. Und so serviere ich sie auch zusammen mit dem Fleisch in einer Porzellanschüssel. Es ist das nicht die elegante Art, das weiß ich. Ich habe die Sauce auch schon durchpassiert (nachdem ich die Schalotten und die Oliven herausgefischt hatte), sie einkochen lassen und schließlich mit kalten Butterstückchen verfeinert. Das Resultat war enttäuschend. Von der würzigen Frische, der schönen Säure, kurz, vom südlichen Aroma war nichts mehr da. Was da – optisch und von der Konsistenz her perfekt – in einer Sauciere an den Tisch gebracht wurde, war eine klassische Bratensauce, zu schwer, zu konzentriert. Der Charme dieses Osso Buco besteht in der scheinbaren Unfertigkeit der Sauce. Der halbzerkochte Lauch, die Karottenscheiben, die Tomatenfetzen, Knoblauchstücke, die Oliven mit ihren Kernen, das alles wirkt ein bißchen bäuerisch, ist ja auch Hausmannskost. Aber nur so macht dieses Rezept einen Sinn, nur so wird es die Esser begeistern, denen ich als Beilage nichts anderes als aufgebackenes Weißbrot serviere.

Um die Rustikalität nicht zu weit zu treiben, entferne ich vom Fleisch die Häute, die es zusammen halten, und fiesele es von den Knochen. Die kleinen runden Muskelstücke lege ich in die Sauce zurück, und ich würde mich wundern, wenn davon etwas übrig bliebe. Wo Weißbrot als Beilage nicht ausreicht, weil es kein Vorgericht gibt oder ausgehungerte Halbwüchsige am Tisch sitzen, da bietet sich ein Risotto an; er ist jedenfalls die traditionelle Beilage zu vielen Osso Buco-Gerichten. Aber auch Kartoffeln harmonisieren nicht schlecht mit dem Kalbfleisch, wohingegen ich Nudeln hierbei nicht schätze; die brauchen eine andere, konzentriertere Sauce. Der passende Wein kann sowohl weiß als auch rot sein. Ersterer sollte keine zu fruchtige Säure haben, welche bei allen Gerichten der mediterranen Küche ein wenig fehl am Platze ist. Den Rotwein, der sich zu einem Osso Buco empfiehlt, mag ich gern leicht und nicht zu anspruchsvoll. Italienische und südfranzösische Rote erfüllen diese Forderung, aber auch ein Beaujolais wäre passend.

Daube Provençale
mit Lamm

Daube Provençale
mit Lamm

Wenn erfahrene Gourmets von Hausmannskost sprechen und ihre Augen dabei einen sehnsüchtigen Ausdruck bekommen, wenn ihre Argumentation eindringlich-beschwörend wird, und schließlich alles, Mimik, Diktion und Wortwahl, schieres Entzükken ausdrückt, dann kann man sicher sein, daß von Schmorfleisch die Rede ist. Innerhalb der europäischen Grenzen gibt es kein Land, in dem dieses Gericht nicht von allen geschätzt wird. Zur Hausmannskost gehört es wahrscheinlich nur, weil seine Zubereitung aufwendig und deshalb für Restaurants nicht geeignet ist. Denn der müßte ein dummer Wirt sein, der seinen Gästen diese Köstlichkeit vorenthalten würde, wenn es eine Möglichkeit gäbe, sie ohne großen Aufwand auf den Tisch zu bringen. Viele glauben diese Möglichkeit gefunden zu haben: es ist die Konserve. Doch was in den Blechdosen als Rinder- oder Wildragout verkauft wird, ist weder köstlich noch erfreut es den Gast.

So kunstlos letzten Endes die Herstellung eines Schmorfleisches ist, so selten kommt es auch in Privathaushaltungen in perfektem Zustand auf den Tisch. Das liegt an den Abkürzungen der Schmorzeit, den Einsparungen beim Kauf. Die fangen – wie immer – bei der Fleischqualität an. Weil ein Ragout nicht wie ein prächtiger Braten präsentiert werden kann, kaufen viele nicht die erste, sondern zweite Qualität. Dagegen ist nichts zu sagen, solange vom selben Tier noch dritte, vierte und fünfte Qualitäten existieren. Oft ist aber die zweite bereits eine schlechte Qualität. Schließlich läßt sich auch der Arbeitsaufwand verkleinern, indem man die Garzeit verkürzt. Spezialtöpfe machen das möglich. Aber so praktisch sie für manche Produkte sind, für ein Schmorfleisch benutze ich sie nie.

In der Küche des französischen Südens gibt es selbstverständlich auch ein Schmorfleischrezept, es ist die *Daube provençale*. Eigentlich unterscheidet sie sich wenig von ähnlichen Zubereitungen unserer Küche (Rindfleisch- oder Wildragout). Es ist wieder einmal die Würzung, die dafür sorgt, daß aus einem winterlich-nordischen Fleischtopf eine Speise wird, der man anmerkt, daß die Winter am Mittelmeer sich von unseren Wintern unterscheiden wie ein Flamenco vom Schuhplattler.

Das Gemeinsame bei allen Ragouts ist der verschlossene Schmortopf, in dem das Fleisch langsam, *sehr langsam,* einer wunderbaren Metamorphose entgegenschmurgelt. Wenn so ein Ragout verdorben werden kann, dann durch zu große Hitze und zu kurze Garzeit. Nur dann und wann soll eine Blase an die Oberfläche des Schmorsaftes blubbern, nur dann wird das Fleisch zart, nur so vermeide ich, daß es in trockene Fasern zerfällt. Und um es weich, butterweich zu kriegen, braucht es einfach Zeit. Ein Rinderragout, auf diese Art geschmort, braucht bis zu 5 Stunden.

Bei der *Daube provençale* muß es nicht immer Rind sein. Auch Lammfleisch wird so geschmort. In der Küchensprache anderer französischer Regionen heißt es dann *navarin d'agneau,* das ist nichts anderes als ein Lammragout. Doch die andere Bezeichnung des Südens ist schon berechtigt. Eine *Daube provençale* schmeckt einfach aromatischer, eben: provençalisch.

Für 4 Personen brauche ich dazu 1½ Kilo Lammfleisch von der Keule, in große Stücke geschnitten. Wenn ich die Keule am Stück kaufe, also mit Knochen, sind es fast 2 Kilo. Auch eine Lammschulter eignet sich für dieses Rezept. Ihr Fleisch hat zwar mehr Häute und Sehnen und läßt sich nicht in so gleichmäßige und nicht so große Würfel schneiden wie das von der Keule, auch sind die verschiedenen Muskeln von unterschiedlicher Festigkeit. Aber auch ein geschmortes Ragout von der Schulter kann delikat sein. In beiden Fällen wäre es übrigens töricht, nach besonders jungem Lammfleisch zu suchen. Jungtiere haben wenig Geschmack. Es darf sogar Fleisch vom Hammel sein, wenn es das überhaupt gäbe.

Ich schrieb an anderer Stelle, daß das Marinieren eigentlich ein Anachronismus sei. Bei einer *Daube provençale* wird mariniert, und ich tue das auch; allein wegen der Abwechselung, die ein mariniertes Fleisch bringt. Es ist aber ohne weiteres möglich, auf das Marinieren zu verzichten, dann erspare ich mir die Schweinerei beim Anbraten. Aber der Geschmack wird anders sein.

Für die Marinade brauche ich mindestens 1 Flasche

Wein, ob weiß oder rot ist nicht so wichtig. Sodann eine Handvoll Schalotten, 1 Karotte, das Weiße einer Stange Lauch, ein kleines Stück Sellerie, eine Handvoll schwarze Oliven, 4 Knoblauchzehen, 3 Zweige Thymian, 1 Zweig Rosmarin, 3 Lorbeerblätter, 2 Teelöffel weiße und schwarze Pfefferkörner – kurz, die üblichen Ingredienzen für einen Schmorbraten, die auch im Süden nicht viel anders sind als in unserer Küche. Die Gemüse werden geputzt und zerschnitten. Von den Fleischwürfeln, die größer sein sollten als mundgerechte Stücke, habe ich das Fett abgeschnitten. Sie kommen mit dem Gemüse und den Gewürzen in eine Schüssel und werden vollständig mit Wein bedeckt. Dann gieße ich noch einen Schuß Olivenöl dazu und stelle die Schüssel an einen kühlen Ort, wo sie bis zu zwei Tagen stehen kann, mindestens aber 12 Stunden stehen soll. Von Zeit zu Zeit rühre ich alles einmal durcheinander.

Wenn es dann so weit ist, stelle ich zwei schwere Pfannen auf den Herd. Was im Umkreis von 1 Meter empfindlich gegen Fettspritzer ist, wird abgedeckt. Denn das Anbraten, ich deutete es schon an, ist eine Schweinerei. Weil es nämlich nicht möglich ist, die Fleischstücke völlig trocken zu kriegen. Ich nehme sie aus der Marinade und trockne sie mit Küchenkrepp ab, wickele sie in Handtücher ein und verbrauche große Mengen von beiden. Aber es nützt nichts. Wenn ich das Fleisch in das rauchend heiße Olivenöl lege, spritzt es. Es gibt eine Möglichkeit, dieses Ärgernis zu vermeiden: Ich heize den Backofen auf 275 Grad vor, stelle eine große Reine mit Olivenöl hinein, und wenn die ganz heiß ist, lege ich die Fleischwürfel in die Reine, dort können sie spritzen, wie sie wollen. Das hat jedoch den

Nachteil, daß ich die Fleischstücke nicht so gut wenden, daß ich nicht jedes einzelne im Auge behalten kann. Deshalb mache ich es doch auf dem Herd und mühe mich hinterher mit Lappen und Seife, um meine Küche wieder fettfrei zu kriegen.

Während des Anbratens im heißen Öl drehe und wende ich die Stücke, damit sie von allen Seiten Farbe annehmen, und salze und pfeffere. Dann hebe ich sie mit einem Schaumlöffel aus den Pfannen und lege sie in den Schmortopf. Dies kann ein normaler Bräter sein oder irgendein Topf mit einem gut schließenden Deckel (ohne Kunststoffgriffe). Ich nehme dazu eine feuerfeste, ovale und hohe Steingutform, wie sie für Terrinen benutzt wird. Darin schmort das Fleisch nicht nur schön gleichmäßig; in der Form kann ich es auch auf den Tisch bringen, schließlich ist dies ja ein rustikales Essen. Inzwischen habe ich vier kleine Tomaten enthäutet und geviertelt, die werfe ich in die heißen Pfannen. Dann fische ich Gemüse und Kräuter aus der Marinade und gebe sie dazu. Alles wird kurz angeschwitzt, die Pfannen werden dabei ständig gerüttelt, daß ja nichts anbrennt, und ein Glas Marinade angeschüttet. Mit dem Holzlöffel löse ich vom Pfannenboden ab, was sich dort angesetzt hat, und gieße alles über das Fleisch, das danach mit der restlichen Marinade soweit aufgeschüttet wird, bis es fast bedeckt ist. Dazu lege ich noch Schinkenreste oder Speckschwarten. Deckel drauf und in den Backofen damit, wo jetzt die lange Zeit des sanften Schmorens beginnt. So lang übrigens nicht, wenn ich Fleisch von der Lammkeule habe; es ist in gut zwei Stunden weich. Schulter braucht etwas länger und Rindfleisch doppelt so lange. Diese *Daube provençale* läßt sich übrigens auch *auf* dem Herd schmoren, ein Backofen ist nicht unbedingt erforderlich. Dann brauche ich aber einen besonderen Schmortopf, einen gußeisernen mit einem sehr schweren Deckel.

Nun nützt das beste Fleisch und das feinste Öl nichts, der Topf kann noch so ideal, die Hitze noch so sanft sein – wenn das Schmorfleisch nicht richtig gewürzt ist, wird es nur ein banales Ragout werden. Beim Anbraten der Fleischstücke, ja, da traut man sich noch kräftig zu salzen. Aber seitdem sind auch noch die Tomaten dazu gekommen und die Gemüse aus der Marinade, und die verbrauchen auch eine Menge Salz. Deshalb muß ich schon jetzt abschmecken, bevor ich den Topf in den Ofen schiebe, also sehr wahrscheinlich nachsalzen. Und wie steht es mit dem Pfeffer? Gewiß läßt sich jede Speise auch noch kurz vor dem Servieren pfeffern; Saucen besonders. Aber das Fleisch soll ja nicht nur schmecken, weil es in einer aromatischen Sauce schwimmt, es soll selber einen vollkommenen Geschmack haben! Und den erreiche ich nur, wenn ich von Anfang an darauf hinarbeite. Also beim Anbraten sogar ein bißchen *zu viel* salzen und pfeffern. Und jetzt, da der Topf in den Ofen kommt, noch einmal prüfen: Wäre es vielleicht ratsam, einen frischen Thymianzweig dazuzulegen? Oder noch ein Lorbeerblatt? Ein Teelöffel Tomatenmark kann sicher nicht schaden; wie wäre es aber mit einem Schuß Cognac? Und noch Knoblauch, frisch durchgepreßt? Wahrscheinlich nehme ich von allem etwas, sicher ist das aber nicht. Denn nicht nur schmeckt das Fleisch jedes Mal ein wenig anders, auch ich bin nicht immer in der gleichen Stimmung; einmal mag ich's schärfer gewürzt, ein anderes Mal wünsche ich mir eine mehr fruchtige Säure. Gäbe es beim Kochen nicht diese Unwägbarkeiten, diese Abweichungen von der Regel, es wäre sicherlich leichter. Ganz gewiß aber wäre es nicht so interessant, nicht so spannend.

Gut zwei Stunden rechne ich für mein Lammfleisch von der Keule, dann ist es weich genug. Den Schmorsaft gieße ich in eine Kasserolle. Wegen der geringen Backofentemperatur ist nichts davon verkocht, das muß ich jetzt auf dem Herd bewirken. Die Thymian- und Rosmarinstengel sowie die Speckschwarten fische ich heraus und lasse dann auf großer Flamme einkochen. Nicht eindicken, eine dicke Sauce will ich nicht, die Küche des Südens ist zwar rustikal, aber nicht schwer! Deshalb verzichte ich auch auf Butter oder crème fraîche. Einfach etwas einkochen lassen, eventuell noch eine durchgepreßte Knoblauchzehe dazu, vielleicht noch ein halbes Glas Wein und wieder einkochen, und das war's dann schon. Die Sauce kommt zurück in den Schmortopf zum Fleisch, und ich trage meinen Schatz an den Tisch. Ein unwiderstehlicher Duft erfüllt den Raum! Das Fleisch ist butterweich, die heißen Oliven milde, die Sauce kräftig, und alles zusammen beschwört die Erinnerung an einen sonnigen Frühlingstag in der Provence herauf, als der Mistral den Himmel fegte und in der Auberge ein Feuer knisterte. Mehr ist nicht drin. Aber ist das nicht schon sehr viel?

Käse
vorzugsweise
von der Ziege

Käse,
vorzugsweise
von der Ziege

Ein Essen ohne Käse ist in den Augen
vieler Zeitgenossen unvollkommen. Gastrosophen
schwärmen vom Käse wie sonst nur vom Wein, und
wenn die Franzosen in den Augen der restlichen Welt
als eine Nation von Feinschmeckern gelten, dann wegen
ihrer vielfältigen und fast unübersichtlichen Käsepro-
duktion – was Churchill zu seiner berühmt geworde-
nen, skeptischen Einschätzung der *Grande Nation* ver-
anlaßte. (»Ein Volk, das 365 Sorten Käse hat, ist nicht
regierbar.«)
Da Käse eines der ältesten Nahrungsmittel der Welt ist,
haben sich im Laufe der Zeiten viele Leute dazu geäu-
ßert, was zwangsläufig zu ebenso vielen widersprüchli-
chen Ansichten zum Thema geführt hat. Am kuriose-
sten ist die uneingeschränkte Verherrlichung der Ehe
zwischen Käse und Wein. Als ob es nur einen Käse und
nur einen Wein gäbe! Vor allem Rotwein wird immer
wieder als idealer Begleiter zum Käse gepriesen. Das ist

richtig, wenn es sich um einen Gruyère handelt, ist aber zweifelhaft bei vielen Camemberts und falsch bei Blauschimmelkäsen. Generell läßt sich sagen, daß viele Käse den Wein ruinieren. Vor allem edle Rotweine, die oft bedenkenlos als ideales Getränk zum Roquefort empfohlen werden (die entsprechenden Autoren müßte man schadensersatzpflichtig machen!), ziehen bei einem würzigen Käse immer den kürzeren. Bei den Châteaubesitzern im Médoc, also bei den Produzenten jener noblen Rotweine, deren Namen sogar Biertrinker kennen, wird nur ein milder Hartkäse serviert. Gruyère oder Gouda; die Käseplatten in diesen renommierten Häusern (die alle darauf eingerichtet sind, regelmäßig Gäste zu bewirten) wirken auf den ersten Blick fast unfranzösisch, auf jeden Fall aber bescheiden. Da fehlen all die kräftigen Camemberts, die würzigen Ziegenkäse, die frischen, fetten und die salzigen, aromatischen Käse. Wo ein Roquefort serviert wird, kann der Gast sicher sein, daß dazu ein Château Yquem oder ein anderer süßer Sauternes getrunken wird, die einzigen Weine nämlich, die es mit der Schärfe eines Roquefort aufnehmen können. Große rote Burgunder reagieren kaum weniger empfindlich. Nur wenn ein Rotwein robust und gewöhnlich ist, wird die Disharmonie kleiner, weil es einem solchen Wein nur gut tut, wenn er sich hinter einem ausgeprägten Käsearoma verstecken kann. Ich habe die Erfahrung gemacht, daß Weißweine viel öfter mit einem Käse harmonisieren als rote.

Nun sagt das nichts über den Einzelfall aus. Wenn es sogar bei theoretisch idealen Kombinationen immer noch darauf ankommt, in welchem Zustand sich der Käse befindet, der da zum Rotwein serviert wird, so ist die Disharmonie anderer Verbindungen nicht zu übersehen. Dazu gehören der erwähnte Roquefort und andere Blauschimmelkäse, wenn sie mit Rotwein zusammengebracht werden. Auch vom Munster und ähnlich kräftig duftenden Käsen werden Rotweine belästigt oder gar völlig um ihren Charakter gebracht. Sogar Ziegenkäse können sich als Rotweinkiller erweisen, wenn sie alt oder sehr ziegig schmecken. Frisch hingegen sind sie sanft und anpassungsfähig und für mehr oder weniger jeden Wein problemlos.

In der mediterranen Küche sind Ziegenkäse die einzigen Käse von Belang, und auch dort nicht in so vielen Sorten zu finden wie in anderen Landschaften Frankreichs. Allerdings hat der Konsument an Ort und Stelle den Vorzug, beim Kauf die Frische und den Reifegrad der Käse zu prüfen. Auf unseren Märkten ist die Situation deutlich schlechter. Wenn wir einen französischen oder italienischen Käse in den Einkaufskorb legen, hat dieser nicht nur eine lange Reise hinter sich, er wurde auch durch Lagerung und Temperatur (sprich Kühlung) zusätzlich belastet. Käse sind nämlich empfindlich. Trotz ihrer bunten Verpackung sind die kleinen Stinker fast alle nervöse Sensibelchen. Trockenheit und Kälte mögen sie gar nicht, in feuchter Wärme fühlen sie sich ebenfalls nicht wohl und rennen auf und davon. Hartkäse verwandeln sich in Gummi, Ziegenkäse werden seifig, Camemberts muffen verbittert, Weichkäse geben sich ledern – kurz, Käsekauf ist eine schwierige und oft fragwürdige Sache. Übrigens auch nicht billig, weil der ungenießbare Teil eines Käses oft sehr groß ist; denn, wie Kenner wissen, sollte man von *keinem* Käse die Rinde mitessen! Hinzu kommt die Unterteilung in pasteurisierte und nicht-pasteurisierte Käse. Für den wahren Käsefreund zählen nur die letzteren; der Käufer in der Lebensmittelabteilung eines großen Kaufhauses wird aber fast nur pasteurisierte vorfinden. Am bedauerlichsten finde ich die Qualitätsunterschiede beim Schweizer Gruyère. Sie ärgern mich deshalb so sehr, weil für mich ein erstklassiger Gruyère der schönste Käse für fast jede Art von Wein ist. Nur muß ich, um erstklassigen Gruyère zu finden (mindestens 1 Jahr alt, salzig und leicht knirschend), unglaublich aufwendige und zeitraubende Anstrengungen unternehmen: das meiste, was als Gruyère verkauft wird, ist ein glänzend glatter, biegsamer Kastrat, auf dem man ausrutschen könnte wie auf einer Bananenschale – womit seine Beziehung zur Welt der Viktualien erschöpft ist.

Beim Ziegenkäse sind die Abweichungen von der Höchstform nicht so groß. Es ist allerdings zu berücksichtigen, daß Ziegen nicht durchgehend Milch geben wie Kühe, sondern nur vom Frühjahr bis in den Herbst. Die Käsereien sind deshalb dazu übergegangen, den Käse im Rohzustand, Bruch genannt, im Sommer einzufrieren, damit Ziegenkäse auch im Winter in den Handel kommt. Daß diese Prozedur Auswirkungen auf die Qualität hat, ist wohl nicht zu bezweifeln. In Kleinbetrieben, wo Käse noch ›mit der Hand‹ hergestellt werden, gibt es auch in der Saison Qualitätsschwankungen, das ist nicht anders als beim Wein eines kleinen Winzers.

Allerdings können wir selber etwas tun, um Ziegenkäse zu verbessern, wenn ihr Zustand unseren Erwartungen nicht entspricht. Wir können sie einlegen. Das ist gleichzeitig eine Methode, um sie für längere Zeit zu konservieren. Wie lange sich eingelegte Käse tatsächlich halten, habe ich nie ausprobieren können, da allein das Vorhandensein eines Vorrats meinen Käseverbrauch automatisch in die Höhe treibt. Eingelegt werden nur die kleinen, runden Ziegenkäse, die ungefähr die Größe eines Pucks haben (Hartgummischeibe beim Eishokkey), aber nicht so schmecken dürfen. Sie sollten fest, aber nicht hart sein und eher zart im Geschmack. Eingelegt werden sie in aromatisiertem Olivenöl. Die Aromen sind bei mir Rosmarin und Bohnenkraut, sowie Lorbeerblatt und viele grob geschrotene schwarze Pfefferkörner. Manchmal gieße ich zuerst ein großes Glas Trester über die Käse. Auch in der provençalischen Küche wird beim Einlegen der Käse Alkohol verwendet. Ob das immer ein *Marc* ist, weiß ich nicht; ich kann mir auch einen Gin vorstellen. Aber Alkohol muß nicht sein; wichtig ist nur, daß das Öl einen schönen aromatischen Geschmack hat, der zusammen mit dem eigentlichen Käsearoma einen neuen, kulinarischen Reiz bewirkt. Selbstverständlich wird auch das Öl gegessen! Also nicht nur den Käse (mit einem Holzlöffel) aus dem Glas fischen, sondern auch soviel vom Öl, daß es den Käse umgibt wie eine Vinaigrette den Salat. Salat paßt übrigens ganz vorzüglich dazu. Vielleicht nicht gerade unser Kopfsalat mit seiner Zucker-und-Zitrone-Vergangenheit, sondern besser ein Eichblattsalat. Aber auch Spinat- und Feldsalat (mit Walnüssen) ergänzen sich mit eingelegtem Ziegenkäse zu einer kompletten kleinen Vorspeise. Auf dieselbe Art läßt sich auch der überall angebotene bulgarische Schafskäse einlegen. Dazu verwende ich jedoch keinen Schnaps und lege nie viel ein. Denn anders als die kleinen, festen Ziegenkäse hält es dieser poröse Schafskäse nicht so lange im Öl aus. Nach einer Woche erinnert er bereits daran, daß alles vergänglich ist auf dieser Welt.

Bei allen Gratins, ob Kartoffel oder Nudel, spielt Käse die wichtigste Rolle. Erst die Schicht Käse obenauf gibt dem ursprünglichen Produkt jenes Appetitliche, das einen Gratin kennzeichnet. Irgendein schlauer Esser ist nun auf die Idee gekommen, das eigentliche Produkt völlig wegzulassen und nur den Käse unter die Hitze zu legen. Gratinierte Ziegenkäse werden in der südlichen Gastronomie allerdings nur selten angeboten (weil das Arbeit macht). Ich halte allein schon die Erwärmung der Käse für einen großen Vorzug. In der *Auberge de Reillanne* in Reillanne bei Manosque, wo Madame Founes ihre Gäste mit leckerer Hausmannskost bewirtet, gehört der gebackene Ziegenkäse zum Standard-Repertoir. Die Käse werden einfach in die weiße, noch heiße Asche des Kamins gelegt und nach 10 Minuten ausgebuddelt und serviert. Das schmeckt köstlich, einschließlich der leicht körnigen Asche, die in den Käse eingebrannt ist. Ich will aber nicht verschweigen, daß die Asche vom Olivenholz stammt und der Käse vom benachbarten Bauern; das macht die Imitation dann doch wieder schwierig.

Aber unter den Grill gelegt – vorher mit Olivenöl eingepinselt, wahlweise auch noch gepfeffert – und dann, wenn er heiß ist, auf Salat serviert, wird aus dem kleinen runden Ziegenkäse ein höchst delikater Nachtisch, den sich jeder hier zu Hause machen kann. Durch die Hitze wird sogar die Rinde eßbar, das freut die sparsame Hausfrau.

Wenn der Käse nicht das Höchstmaß an Qualität besitzt, die ich von ihm erwarte, denke ich darüber nach, wie ich ihn zu seinem und meinem Vorteil verändern kann. Käse also als Rohmaterial betrachtet. Zerdrückt und mit Butter vermischt, können sich Altkäse noch einmal in einen Leckerbissen verwandeln, sofern sie nicht bereits ranzig oder sonstwie penetrant geworden sind. Bei der zusätzlichen Aromatisierung stehen mir wiederum viele Gewürze zur Verfügung: vom Pfeffer über Koriander bis zur Knoblauchpaste; Püree von schwarzen Oliven, Nelkenpulver oder Anis – die Gewürze des Südens vermählen sich mühelos mit Ziegenkäse. Schließlich bieten diese auch die Möglichkeit zu einer höchst delikaten und raffinierten Vorspeise: Ziegenkäse in Blätterteig.

Den Blätterteig (tiefgefroren, was sonst . . .) ausrollen und in längliche, schmale Rechtecke schneiden. Aus Ziegenkäse, Butter schwarzem Pfeffer und sehr klein gehackten Anchovis eine dicke Paste mischen. Fingerdick und -lang auf die Blätterteigstücke legen und damit einschlagen. An den Rändern zusammendrücken, mit Eigelb bepinseln und auf einem angefeuchteten Backblech in den unteren Teil des heißen Backofens schieben. Aufbacken lassen, bis die kleinen Paketchen hellbraun sind, und heiß servieren. Dazu ein kräftiger Weißwein, und ich habe wieder einmal eine Runde im Kampf gegen die Leberwurst gewonnen.

Nicht so süß –
die Feige

Nicht so süß –
die Feige

Die Süßspeisen der südlichen Küche heißen Obst. Das ist einleuchtend einerseits, weil die
Pfirsiche, Orangen, Erdbeeren, die Trauben, Melonen,
Feigen und Aprikosen unter südlicher Sonne besonders
gut gedeihen. Das hat aber auch einen Nachteil. Denn
originelle Süßspeisen hat die mediterrane Küche nicht
hervorgebracht. Die wundersamen Puddings, die über-
raschenden Crèmes und süßen Gratins; die köstliche
Verwandlung von Sahne in bizarre Desserts: all die
unwiderstehlichen, zuckrigen Verführungen wurden
wahrscheinlich unter wolkenverhangenem Himmel er-
funden und werden vor allem dort – also bei uns –
geschätzt und geschleckert. Sieht man vom Speiseeis in
seinen vielen Formen ab, dieser international beliebten
Kinderdroge, so sind die Desserts an den Küsten des
nördlichen Mittelmeers ziemlich einseitig. Daß die Be-
schränkung auf reife Früchte bekömmlicher und also
vernünftiger ist als die von uns bevorzugte Zucker-und-

Sahne-Diät, unterliegt keinem Zweifel. Nur ist sie für den Koch nicht sonderlich interessant. Es sei denn, er zöge großen Lustgewinn aus dem Kandieren von ganzen Früchten. Diese, eine Spezialität der Region Nizza, sehen hinreißend aus. Damit ist allerdings auch das Beste über sie gesagt.

Nun sollte man meinen, daß eine so ungewöhnliche Frucht wie die Feige auch ein ungewöhnliches Dessert ergeben könnte. Ehrlich gesagt: mir ist nichts derartiges gelungen. Roh gegessen erscheint mir eine vollreife Feige immer noch leckerer als eingelegt, gratiniert oder sonstwie verarbeitet. Doch es gibt eine Ausnahme: getrocknet. Die getrocknete Feige hat mit der rohen eigentlich wenig gemein. Sie sieht nicht nur anders aus, sie schmeckt auch anders. Und man kann allerlei mit ihr anstellen. Zum Beispiel:

500 g getrocknete Feigen mit 3 EL Honig in ½ l Rotwein aufsetzen und bei geschlossenem Deckel ganz langsam 90 min (oder länger) köcheln lassen. (Dicke, fast die Originalform bewahrende Feigen sind besser als flache, zerfledderte.) Der Honig sollte möglichst von Lavendelblüten sein, und der Wein vom Typ Châteauneuf-du-Pape. Den Rotwein würze ich mit 3 Stengeln Thymian (oder 1 TL Thymianpulver) und 3 Nelken. Nach Ende der Kochzeit gieße ich alles durch ein Sieb. Die weichgewordenen Feigen knöpfe ich mir einzeln vor und zwacke ihnen den kleinen, harten Stiel ab. In den durchgesiebten Wein, der jetzt noch nicht süß genug ist, gebe ich 1 EL Bitterorangenschale, und zwar keine frischen, sondern Schalen aus meiner Marmelade, die ich vorher in kleine Stücke geschnitten habe. Nun lasse ich den Wein soweit einkochen, bis er mir süß genug

erscheint. Dann rühre ich eine Messerspitze Safranpulver hinein. Das verändert den süßen Saft ganz entscheidend, macht ihn einerseits milder, gibt ihm aber auch eine nicht zu leugnende exotische Dimension. Vor allem, wenn ich mit dem Safran unvorsichtig umgehe. Das ist gewiß nicht jedermanns Geschmack, und ich schlage vor: Nehmen Sie einen EL Saft und probieren das mit dem Safran (nur wenige Stäubchen!) abseits aus; dann wissen Sie, ob Sie den Safran nicht lieber weglassen. Es geht auch ohne.

Zum Schluß lege ich die Feigen in eine Servierschale und gieße den Saft darüber. Das Ganze kann heiß, lauwarm oder kalt serviert werden. Sie werden feststellen, daß dieses Feigen-Dessert einen, nun, sagen wir: mehr aparten als süßen Geschmack hat, und daß sich dazu süße Weine vorzüglich trinken lassen. Überdies ist das Dessert mediterran in zweifacher Hinsicht: Das Aroma (eindeutig provençalisch) sowie seine Leichtigkeit (im Vergleich etwa zu einer Schokoladenmousse).

Nun zur benötigten Orangenmarmelade. Nach der Olive ist die Bitterorange für mich die Quintessenz der Küche des Südens. Es gibt gewiß Produkte, die wichtiger sind, weil sie einen größeren Einfluß haben als die bitter-süßen Früchte. Während aber Thymian, Zucchinis, Auberginen und was da sonst aus der Mittelmeerregion stammt, auf unseren Märkten fast alltäglich geworden sind (und damit etwas von ihrer Faszination einbüßen), ist die Bitterorange eine Rarität geblieben. Das liegt daran, daß die Produktion sehr klein ist. Diese Tatsache erklärt sich möglicherweise aus dem nicht zu leugnenden Umstand, daß die Frucht nicht nach jedermanns Geschmack ist. Von der unkomplizierten Süße der herkömmlichen Orange ist sie so weit entfernt wie die eigenwillige schwarze Johannisbeere von der roten. Überdies kann man eine Bitterorange nicht so vielseitig verwenden wie einen Apfel, eine Birne. Dafür hat sie Charakter. Und der entfaltet sich am schönsten in der Form, die gleichzeitig fast die einzige ist, in der diese Frucht verzehrt wird: als Marmelade. Es gibt viele Menschen, die mögen keine bittere Orangenmarmelade. Das ist zu akzeptieren; es wäre töricht zu erwarten, daß wir alle den gleichen Geschmack haben.

Ich bin ein großer Freund der bitteren Orangenmarmelade. Nur: selbstgemacht muß sie schon sein. Damit soll nicht gesagt werden, daß meine selbstgemachte Orangenmarmelade die beste der Welt sei. Mancher wird sie zu bitter oder zu sauer finden oder zu dick. Bei süßen Sachen dominiert noch ganz eindeutig die persönliche Vorliebe. Meine Marmelade muß folgende Eigenschaften haben: Sehr viele Schalenstücke und ein kräftiges, säuerliches Orangenaroma (im Gegensatz zum Karamel-ähnlichen vieler dunklen, englischen Marmeladen). Die Herstellung ist aufwendig. Lediglich die Tatsache, daß ich diese Marmelade, so wie ich sie mache, für kein Geld kaufen kann, andere (auch nicht schlechte) aber gleich 8 Mark pro 300-Gramm-Glas kosten – nur dieser Umstand rechtfertigt die mühselige Arbeit.

Zunächst einmal ist zu berücksichtigen, daß es Bitterorangen nur im Januar und Februar gibt. Und auch dann nur auf guten Märkten und in den Lebensmittelabteilungen von Kaufhäusern, welche auch sonst ihren Ehrgeiz in ein erstklassiges Obst- und Gemüseangebot legen. Sogar dort werden Bitterorangen nur in geringen Mengen vorrätig sein, so daß es ratsam ist, sie vorzubestellen. 2½ Kilo ist eine Menge, deren Zubereitung auch eine Person noch allein schafft, ohne in gräßliche Flüche auszubrechen. Bei der doppelten Menge sollte ein hilfswilliges Familienmitglied wenigstens beim Schneiden der Schalen zur Verfügung stehen.

Bitterorangen wachsen in Südfrankreich, von wo sie nie exportiert werden, sowie in Spanien (Sevilla Orangen) und in Sizilien. Sie sind ziemlich klein, nie rundherum gleichmäßig gefärbt – grüne Stellen sind nicht selten – und immer unbehandelt. Bei 2½ Kilo Bitterorangen brauche ich zusätzlich 2 große, unbehandelte Zitronen, 8 Saftapfelsinen und 1 Pampelmuse. Die Bitterorangen und die Zitronen werden über Nacht in kaltem Wasser eingeweicht. Am nächsten Tag das Wasser erneuern und die Früchte zum Kochen bringen. Ungefähr 30 Minuten (kann aber auch 15 Minuten länger sein) köcheln lassen, bis sie sich sehr weich anfühlen. Abgießen und abkühlen lassen. Warum das so gemacht wird, weiß ich auch nicht. Ich habe verschiedene Rezepte ausprobiert (es gibt unzählige Variationen) und bin nur deshalb bei dieser Version geblieben, weil mich das Resultat mehr überzeugt als andere. Jemand riet mir, die Orangen vor dem Einweichen einzustechen. Habe ich gemacht, aber keinen Unterschied feststellen können.

Die abgekühlten Orangen und Zitronen werden geviertelt. Sodann mit einem Löffel von der Innenseite der Schalen alles abkratzen und in einen Topf geben. Also Häute, Kerne, Orangenfleisch und auch das Weiße zwischen Schale und Haut. Die geputzen Schalenstücke werden nun mit einem Messer in Juliennes geschnitten (die berüchtigten dünnen Streifen), welche ich sodann auf zirka 3 cm Länge zurechtstutze. Das ist der mühsame Teil der Arbeit. Jedenfalls dürfen die Schalen nicht gehackt oder gar maschinell zerkleinert werden. (Das geht zwar auch; doch ist das Resultat eine andere Art von Marmelade.) Wenn das Kochmesser scharf ist, rasiermesserscharf, ist das alles nur halb so schlimm.

Das herausgekratzte Orangeninnere wird nun mit Wasser bedeckt, aufgesetzt und zugedeckt eine gute Stunde lang ausgekocht. Durch ein Sieb abgießen. Übrigbleiben sollte ungefähr ½ Liter Saft. Davon wird 1 Tasse zusammengegossen mit dem ausgepreßten Saft der 8 Orangen und der Pampelmuse. Da hinein gebe ich die feingeschnittenen Schalen der Bitterorangen und wiege alles. Die gleiche Menge Zucker unterrühren, und zwar Gelier- und Normalzucker, halb und halb. Ich liebe meine Marmeladen nicht so süß, deshalb halte ich insgesamt 100 Gramm Zucker zurück, manchmal sogar 200 Gramm, das ist Gefühlssache.

Diese Mischung – Schalen, Saft und Zucker – wird in einen großen Kochtopf gefüllt und über Nacht stehen gelassen. Warum, weiß ich wieder nicht. Wahrscheinlich gelingt die Marmelade auch, wenn man sie sofort kocht. Aber ich finde diese zweite Unterbrechung ganz erholsam. Am nächsten Tag ist nicht mehr viel zu tun. Die Masse wird erhitzt und einmal kräftig aufgekocht, danach ungefähr noch 10 Minuten köcheln lassen, länger nicht. Die Schalen sollten dann weich genug und die Marmelade gelierfähig sein. Ersteres erkennt man, indem man sie probiert. Sind sie noch zu hart, lasse ich zugedeckt noch etwas länger kochen.

In dieser Phase entscheidet sich, welche Konsistenz die fertige Marmelade haben wird: zu dick ist undelikat, zu flüssig schmeckt zwar gut, ist aber lästig. Eine Saftprobe auf einem kalten Teller, wo ich sehe, wie schnell der Saft geliert, zeigt mir, ob die Marmelade lange genug gekocht hat. Die fertige Marmelade fülle ich heiß in frischgespülte Schraubgläser. Manchmal gieße ich obenauf noch einen Eßlöffel Grand Marnier. Ich bilde mir ein, daß der Alkohol auf der Marmelade einen möglichen Schimmelbefall verhindert. Ganz sicher aber paßt dieser vorzügliche Orangenlikör sehr gut zur Bitterorange. Die Marmelade, ich sagte es schon, ist betont sauer und nicht sehr zuckrig. Viele Zeitgenossen aber mögen gerade die Fruchtsäure nicht; sie werden meine Begeisterung kaum verstehen. Ihnen rate ich, eine, eventuell sogar beide Zitronen wegzulassen. Der Geschmack der Marmelade wird dadurch deutlich weniger aggressiv, er wird milder, weicher und erfahrungsgemäß auch ›kinderfreundlicher‹. Doch auch so ist eine bittere Orangenmarmelade niemals das, wonach Kinder zuerst greifen. Es ist eine Marmelade für Erwachsene.

Nun steht da neben dem Herd ja noch ein Rest Saft von dem ausgekochten Orangenfleisch, den ich nicht verwertet habe, weil er mir die Marmelade zu sehr verbittert hätte. Ich koche ihn mit einer gehörigen Portion Zucker zu einem Sirup ein, nicht zu dick, nicht zu dünn. Gut verschlossen hält er sich sehr lange im Kühlschrank oder im Keller und ist unentbehrlich für Orangenparfaits, Orangensaucen und andere Süßspeisen. Aber auch einem vergessenen Glas Orangenmarmelade, die im Laufe der Zeit etwas eingedickt ist, kann dieser Sirup zu neuer Delikatesse verhelfen. Doch wer, der sie nur einmal probiert hat, wird sie jemals vergessen können, diese unvergleichliche, süße Bitterorangen-Marmelade?

Der Süden mag noch so verlockend sein,
der Thymian noch so duften – Weihnachten sehnen wir
uns nach der Gans und dem Bratapfel, nach Rotkohl
und Nüssen. Doch so kraß soll die kulinarische Rück-
reise nicht ausfallen. Deshalb folgt nun ein Weihnachtsmenü, bei dem die schwere Gans durch leichtes Kalbfleisch ersetzt wird, wo Safran immer noch eine wichtige Rolle spielt und die Weintraube den süßen Ab-
schluß bildet. Also ein Menü, das irgendwo zwischen
Rotkohl und Oliven angesiedelt ist, wo der Räucheraal
sich schamhaft hinter dem Lachs versteckt.

Weihnachtsmenü

Weihnachtsmenü

Nie können wir so viele Fasane und Reb-
hühner kaufen wie in den Wochen vor Weihnachten,
nie haben sie so wenig Geschmack. Im Gehege streßfrei
aufgewachsen, unterscheiden sie sich von Hühnern nur
noch durch ihre bunten Federn. Ähnliche Probleme
haben wir neuerdings auch mit dem Wild, während
Schwein und Rind schon lange keinen Feinschmecker
mehr hinter dem Schafstall hervorlocken. Warum dann
Kalbsrücken? Weil er, ich wage es kaum zu schreiben,
weil er zart und fein und saftig ist und leicht bekömm-
lich – so steht es jedenfalls in alten Kochbüchern. Was er
wirklich ist, das soll sich Weihnachten erweisen. Als
Weihnachtsmann fungiert wieder einmal Ihr Metzger.
Dieser brave Mann ist ja nach den Viehzüchtern das
wichtigste Glied in der Kette, welche vom mundwäs-
sernden Rezept zum ungenießbaren Braten reicht. Gewiß kann er nicht ausgleichen, was Hormonfütterung
und Chemotherapeutika dem Fleisch mitgegeben ha-

ben. Aber er kann das Verlangen unterdrücken, sich in die Front der gewissenlosen Schnellverdiener einzureihen und sich vornehmen, das Fleisch nicht schon zu verkaufen, wenn es noch warm ist. Damit unser weihnachtlicher Braten gelingt, muß der Kalbsrücken nämlich mindestens 8 Tage abgehangen sein. Andernfalls inkarniert er zum berüchtigten Schrumpfbraten. Der erste Schritt bei diesem Weihnachtsmenü ist also eine ernsthafte Unterredung mit Ihrem Metzger.

Ein Kalbsrücken, das ist nichts anderes als das, was übrig bleibt, wenn man das Fleisch aus einer Kotelettreihe auslöst. Schneidet man das Fleisch in bratfertige Scheiben, heißen diese Kalbssteak. Das Ganze klingt nach bürgerlicher Küche und ist es auch, nur daß diese Küche mangels Bürger, die das Fleisch lange genug abhängen lassen, ebenso verschwunden ist wie Bürger, die solche bürgerlichen Rezepte noch schätzen.

Das Weihnachtsmenü beginnt ganz brav mit einem Selleriesalat.

Selleriesalat mit Nüssen

Eine Sellerieknolle von durchschnittlicher Größe reicht für 6 Personen. Sie wird geschält und mit dem Gemüsehobel in dünne Scheiben geschnitten, so dünn wie Apfelschnitzel für Pfannkuchen. Die Scheiben wie Torten in gleichmäßige Segmente schneiden. Diese werden in Salzwasser, dem der Saft 1 Zitrone beigegeben wurde, gar gekocht. Das dauert 8–10 Minuten. Die Selleriestücke sollen nicht weich sein, sondern noch Biß haben. Dann sofort in kaltem Wasser abschrecken. Das bedeutet jedoch nicht, daß der Sellerie kalt oder gar eiskalt serviert werden soll. Schon gar nicht darf er vorbereitet und im Kühlschrank aufbewahrt werden! Wie bei den meisten Speisen unterdrückt Kälte auch hier den Geschmack. Deshalb ist lauwarm die beste Temperatur.

Für die Sauce werden pro Person 2 Walnüsse geknackt und mit dem schweren Messer sehr grob gehackt. (Schälen ist nur bei ganz frischen Nüssen notwendig.) Sodann pro Portion ½ große oder 1 kleine Schalotte *sehr* fein hacken und zusammen mit den Nüssen in 2 bis 3 EL Weinessig legen. Sherry-Essig ist der beste, aber auch anderer Weinessig, ob rot oder weiß, erfüllt seinen Zweck; nur Kräuteressig darf es nicht sein. Kräftig pfeffern (schwarz, aus der Mühle), je eine Prise Salz und Zucker dazu und abschließend Walnußöl langsam mit dem Schneebesen unterrühren.

Die Sellerieschnitzel auf einem Küchentuch abtrocknen. In eine Schüssel legen und mit der Nuß-Vinaigrette übergießen und umwälzen. Sodann werden die Sellerieschnitzel auf den einzelnen Tellern derart angerichtet, daß sie in der Mitte jeden Tellers eine einzige, dachziegelartige Reihe bilden, deren Anfang und Ende eine Rosette Feldsalat ziert. Das alles wird mit der restlichen Vinaigrette übergossen. Die essiggetränkten Schalotten spielen dabei eine wichtige Rolle, denn sie frischen den etwas müden Geschmack des Selleries deutlich auf. Es dürfen deshalb nicht zu wenige Schalotten sein! Die säuerliche Frische des Salates macht Appetit; ein Stück aufgebackene Baguette kann also nicht schaden, nur würde ich nicht auch noch Butter dazu servieren.

Lachsmousse und Wachteleier

Auch wenn Weihnachten ist, wollen wir das Brav-Bürgerliche nicht übertreiben. Deshalb dieser Zwischengang. Bei dem Lachs handelt es sich um Räucherlachs, und er hat noch einen stillen Teilhaber: Damit sie erstens kräftiger und zweitens nicht genau so schmeckt wie normaler Räucherlachs (dann wäre es unnötig, ihn zu verarbeiten), enthält die Mousse auch noch Räucheraal. Sie wird kalt gegessen und kalt hergestellt. Und zwar so: Für 6 Personen werden 180 g Räucherlachs und 100 g Räucheraal in kleine Stücke geschnitten und entweder im Mixer oder mit dem Schnetzelstab püriert. Das geht leicht, und ich begnüge mich damit, obwohl ein Perfektionist die Masse danach noch durch ein Haarsieb treiben würde. Aber das ist mühsam. (Der Aal wird bekanntlich mit Haut und Gräte verkauft, mit 100 g meine ich aber schieres Fleisch; also entsprechend mehr kaufen.) Die Masse mit Cayennepfeffer würzen und mit ca. 3 cm Tomatenmark aus der Tube färben. 1 EL Crème fraîche unterrühren, damit sie locker wird, und einen doppelten Wacholderschnaps (Gin, Aquavit, o. ä.). Wer keinen Schnaps mag, mag vielleicht grüne Paprika: In winzige Würfel geschnitten, geben sie der Mousse den notwendigen bitteren Kontrast und sehen darüber hinaus auch noch hübsch aus. Abschließend 100 g steifgeschlagene Sahne unterziehen. Mehrere Stunden oder über Nacht kühl stellen. Beim Servieren mit einem heißgemachten Suppenlöffel Formen ausstechen, auf Teller anrichten und mit 4 halben, hart gekochten (3 Min.) Wachteleiern dekorieren. Sollte zufällig eine Dose Kaviar im Haus sein, so wäre es kein

Verstoß gegen die Regeln des guten Geschmacks, davon
etwas auf jede Eierhälfte zu häufeln ...

Der Kalbsrückenbraten

Doch nun zum Fleisch. Es muß schieres, mageres
Fleisch sein, ohne alle Häute. Seine Form ist eher flach
als rund. Ich brate es im Ofen. Dazu benötige ich salzige
Butter erster Qualität, eine flache Bratform oder -pfan-
ne ohne Deckel, die nicht viel größer sein darf als das
Stück Fleisch, und sonst nichts. Kein Pfeffer, keine
Gewürze, nichts. Kalbfleisch enthält wie Fisch sehr viel
Eiweiß, und wie beim Fisch wäre es falsch, das Fleisch
einer großen Hitze auszusetzen; es würde an der Oberfläche hart und trocken. Also wird der Ofen höchstens
auf mittlere Hitze eingestellt. Die richtige Temperatur
erkennen Sie an der Butter. Die soll fingerhoch in der
heißen Bratform stehen. Dahinein lege ich das Fleisch
und achte darauf, daß die Butter auf keinen Fall braun
wird oder verbrennt. Sollte das doch passieren, dann
ersetzen Sie die braune durch frische Butter und stellen
die Temperatur kleiner.
Das Kalbssteak kann 10 oder 25 Zentimeter lang sein, je
nachdem, wie groß Ihre Familie ist, seine Dicke wird
immer ungefähr 5 Zentimeter betragen. Also bleibt
auch die Garzeit gleich: 20 Minuten. Während dieser
Zeit drehen Sie das Fleisch immer dann herum, wenn
seine Oberfläche zu bräunen beginnt. Dies soll vermie-
den werden, weil es, siehe oben, ein Zeichen von zu
großer Hitzeeinwirkung ist. Sie bekommen also keinen
knusprig braunen Braten, dafür aber einen, der zart und

saftig ist. Daß er gar ist, erkennen Sie, wenn Sie mit dem Finger oder mit einer Gabel auf das Fleisch drücken. Es muß sich noch ein wenig eindrücken lassen, dann ist es gut, nämlich innen noch leicht rosa. Läßt es sich noch sehr leicht eindrücken, ist es noch nicht gar genug; gibt es dem Fingerdruck jedoch nicht mehr nach, dann haben Sie den richtigen Zeitpunkt bereits verpaßt. Es empfiehlt sich, das Fleisch während der Bratzeit öfters mit der flüssigen Butter zu bepinseln. Haben Sie keine salzige Butter auftreiben können (dann aber bitte Süß- und keine Sauerrahmbutter!), muß das Fleisch extra gesalzen werden, aber erst dann, wenn es schon einige Minuten im Ofen ist, und die Poren sich geschlossen haben. Das ist alles. Die Butter hat während der Bratzeit etwas Fleischsaft aufgenommen, sie ist, ohne daß Sie etwas dafür tun mußten, zu einer köstlichen Sauce geworden, die den gewöhnlichen Salzkartoffeln das gibt, was diese schon immer haben wollten aber nie bekommen haben: die zur Delikatesse fehlende Ergänzung! Außer den Salzkartoffeln serviere ich zu diesem Braten:

Safranisierter Blumenkohl

Als ich unlängst den Blumenkohl einen ordinären Stinker nannte, protestierten nicht wenige Leser. Ihr Protest ist tatsächlich berechtigt, sofern sie an folgendes Rezept dachten: Ein Blumenkohl wird dermaßen zerteilt, daß die einzelnen Röschen nur die Größe von Haselnüssen haben, und auch kleine Strünke restlos weggeschnitten sind. Das dauert ein paar Minuten länger als bei der üblichen Präparation, dafür sind die Röschen in weniger als 10 Minuten gar – aber nicht weich! – gekocht. Dem salzigen Kochwasser habe ich den Saft von 1 Zitrone beigegeben. Sofort abgießen und mit kaltem Wasser abbrausen, damit der kohlige Geschmack völlig verschwindet. Abtropfen lassen. Das kann Stunden vorher gemacht werden. Kurz vor dem Anrichten in einer Kasserolle, die groß genug sein muß, damit die Blumenkohlröschen nebeneinander Platz haben, ein eigroßes Stück Butter schmelzen und darin 1 Messerspitze Safranpulver auflösen, rühren. Die Blumenkohlröschen dazugeben und schüttelnd heiß werden und Farbe annehmen lassen. Das geht ruckzuck, und das Resultat ist verblüffend: Die kräftig gelbe Farbe, der neue Geschmack (manchmal ist nachsalzen notwendig) verwandeln dieses nicht gerade erhabene Gemüse in eine überraschend leckere Angelegenheit. Bei geschlossenem Deckel kann der fertige Blumenkohl gut eine Stunde warten, nochmaliges Aufwärmen schadet ihm nicht, sofern er nicht zu weich war. Die gelben Röschen werden um das Fleisch herum dekoriert, also entweder auf einer großen Platte, wenn der Braten im Ganzen auf den Tisch kommt, oder jeweils um die Portionsstücke auf den Tellern. Ich bevorzuge den Tellerservice und richte alles in der Küche an. Eine garnierte große Fleischplatte in der Mitte des Tisches, über die sich jeder hermacht, ist nur wenige Sekunden lang hübsch anzusehen. Wer sich zuletzt bedient, den mag das verdrießen. Für das aber, was er mit dem Kunstwerk auf seinem Teller anstellt, ist er selber verantwortlich.

Weintraubensabayon

Weil es eine unglaublich leckere und doch so leichte Süßspeise ist, habe ich die Zutaten für das Dessert reichlich gewählt: 200 g Weintrauben pro Person sind nicht wenig. Außerdem müssen sie geschält und entkernt werden. Das allerdings hört sich schlimm an nur für jene, die es noch nie gemacht haben: Die Weintrauben werden kurz mit kochendem Wasser überbrüht. Danach läßt sich die Haut genau so leicht abziehen wie die von überbrühten Tomaten. Sodann halbiert man sie und puhlt die Kerne heraus. In eine Schüssel legen und mit etwas Zitronensaft beträufeln. Zirka ½ Stunde Saft ziehen und durch ein Sieb abtropfen lassen. Den Saft auffangen. Mindestens 2 Stunden vorher hat man pro Esser 2 TL Rosinen in Trester eingeweicht, oder in Treber, Marc, Grappa – ist alles dasgleiche, nämlich aus den bei der Weinherstellung ausgepreßten Trauben gebrannter Schnaps. Da dessen Alkohol – im Gegensatz zum Wein in Saucen – hier nicht verkocht, kann in Antialkoholikerfamilien statt dessen Traubensaft genommen werden. Das schmeckt längst nicht so gut, beißt aber nicht.

Im heißen Backofen werden die feuerfesten Formen vorgewärmt, in denen die Trauben abschließend gratiniert werden. Kleine flache Portionsformen sind besser als eine große. Zunächst aber wird die Sabayon geschlagen. Sie besteht aus 6 Eigelb und 5 EL Flüssigkeit, welche zu gleichen Teilen aus dem abgetropften Traubensaft und dem Schnaps der Rosinen besteht, bzw. aus alkoholfreiem Saft. Damit werden die 6 Eigelb sowie 60 g Zucker und das Innere einer halbierten Vanillestange verrührt und im Wasserbad mit dem Schneebesen so lange geschlagen, bis die Masse cremig wird. Das geht in einer Kasserolle mit schwerem Boden auch auf der Herdplatte, aber im Wasserbad ist es sicherer. Denn wenn sie nur etwas zu heiß wird, stockt die Eiercrème, und Sie können noch einmal von vorne anfangen. Eine Schüssel mit Eiswasser bereitstellen (Schnee tut's auch) und den Topf mit der Eiercrème hineinstellen und weiterschlagen, bis die Crème erkaltet ist. Inzwischen oder danach muß jemand einen halben Becher Sahne (⅛ l) mit 1 EL Zucker steif schlagen. (Den Zucker erst in die halbsteife Sahne geben.) Dann werden die halbierten Weintrauben in die Form(en) gelegt und mit den Rosinen bestreut. Die Eiercrème wird mit der Schlagsahne verrührt und die Masse über die Trauben gegossen. Und zwar so viel, daß diese gut bedeckt sind, aber nicht mehr. Mit Puderzucker bestäuben.

Hoch oben im heißen Backofen verwandelt sich das Ganze dann in 5 bis 8 Minuten in ein Dessert von wahrhaft himmlischer Qualität! Die Oberfläche ist hellbraun, und sogar die Schwiegermutter, die ihre trockenen Weihnachtsplätzchen für das Nonplusultra hält, wird beim ersten Löffel anerkennend sagen: Das habe ich aber noch nie gegessen! Und zum zweitenmal nehmen.

Register

Philippe de Rothschild
Vive la Vie
Château Mouton
320 S. mit 16 S. Fotos.
DM 38,–

Er hat das Leben in vollen Zügen genossen.
Ein Leben voller Luxus, voller Abenteuer, voller
Raffinesse. Ein Leben, in dem exquisite Weine
und schöne Frauen die tragenden Rollen gespielt
haben.
»Ich habe mir meinen Ruf redlich verdient –
den schlechtesten von Paris.« Aber *Baron Philippe*
erzählt keineswegs nur von seinen galanten
Abenteuern, von der Exzentrik des reichen
Bohémiens. Begeistert schildert er seine beses-
sene Arbeit für die Wiederbelebung der französischen Weinkultur. Und er berichtet von der
waghalsigen Flucht nach Casablanca im Krieg,
vom Einzug in Paris an der Seite de Gaulles.
Ein mitreißendes, brillantes Lebensbild. Ein Ver-
gnügen, ein Erlebnis für jeden, der Lebensart,
Menschlichkeit und Souveränität zu schätzen
weiß.

Bar-Kultur hat in Deutschland einen
Namen. Charles Schumann hat die klassische *American Bar* salonfähig gemacht.
Zum Inbegriff gelassener Unterhaltung,
urbaner Geselligkeit. Hier verrät er, was
den Erfolg von *Schumann's* ausmacht.
An erster Stelle natürlich die Drinks. In
vielen Rezepten, die alle auch zu Hause
nachvollziehbar sind, präsentiert er einen
professionellen, trickreichen, amüsanten
Einblick in die Welt der anspruchsvollen
Getränke. Dazu gehören selbstverständlich auch die Ausstattung der Bar und die
reizvolle, gedämpfte Atmosphäre, die
echten Genuß erst ermöglichen.
Bekannte Schriftsteller und Journalisten,
Schumanns Stammgäste, erzählen in
kurzen Stories, warum die Bar ein unver-
zichtbarer Bestandteil ihres Lebens ist.

Charles Schumann
Schumann's Barbuch
Drinks und Stories
168 Seiten, durchgehend illustriert.
DM 32,–